Karl-Theo Beer · Helmut Debelius ·

S.M.S. EMDEN

Buchhandlung Emil Jakob

Hefnersplatz 8 · 90402 Nürnberg · Tel. 0911 - 224718

	DM	Pf
	49	80

49•80

2 04 97

002669-12

In diesem Betrag sind ______ % MwSt., ______________ DM enthalten

Alt
Alt ist unser
neues Haus,
doch wir bieten
Ihnen Aktuelles
und erfüllen
Ihre Wünsche
mit persönlicher
Beratung und
mit Hilfe moderner
Elektronik.
Buchhandlung
Emil Jakob
Hefnersplatz 8
90402 Nürnberg
Telefon
09 11 / 22 47 18

Karl-Theo Beer · Helmut Debelius

S.M.S. EMDEN

Koehlers Verlagsgesellschaft mbH
Herford

Bildnachweis:
Historischer Teil:
Archiv Karl-Theo Beer, Schwalbach
Imperial War Museum, London
WZ-Bilderdienst, Wilhelmshavener Zeitung

Reise- und Unterwasseraufnahmen sowie Dokumente der Emden-Familie:
Helmut Debelius, Frankfurt

Das Modell des kleinen Kreuzers S.M.S. *Emden* auf Seite 8 stammt aus der Sammlung Peter Tamm, Hamburg; Fotograf: Frank Willhöft, Hamburg.

Der Dank der Autoren gilt den Mitgliedern der Emden-Familie, die einzelne Fotos aus Privatbesitz überlassen haben.

Die Deutsche Bibliothek – CIP-Einheitsaufnahme

SMS Emden / Karl-Theo Beer; Helmut Debelius. –
Herford: Koehler, 1992
ISBN 3-7822-0561-8
NE: Beer, Karl-Theo; Debelius, Helmut

ISBN 3 7822 0561 8; Warengruppe 41

Schutzumschlag- und Einbandgestaltung: Regina Meinecke, Hamburg,
nach einer Reproduktion eines Gemäldes von Willy Stöwer aus
dem Archiv Karl-Theo Beer, Schwalbach
Produktion: Christine Detring und Heinz Kameier
Gesamtherstellung: Ilmgaudruckerei, Pfaffenhofen/Ilm
Printed in Germany

Inhaltsverzeichnis

Fregattenkapitän Karl von Müller,
Kommandant der »Emden«.

Geleitwort

Der Kleine Kreuzer S.M.S. *Emden* ist wohl eines der bekanntesten Schiffe der deutschen Seekriegsgeschichte geworden. Das hohe Ansehen, das sich Schiff und Besatzung zu Beginn des Ersten Weltkrieges bei Freund und Feind erwarben, hatte es seinem Kommandanten, Fregattenkapitän Karl von Müller, zu verdanken. Seine Ritterlichkeit und Achtung vor den Menschen, auch vor dem Gegner, brachten ihm und seinem Schiff Respekt und Anerkennung in der ganzen Welt ein.

Als Leiter der Emden-Familie und Sohn eines der Ersten Offiziere (IO) des Kleinen Kreuzers S.M.S. *Emden,* erfüllt es mich daher mit besonderer Freude, daß mit dem vorliegenden Buch erneut dieser Abschnitt aus der deutschen Seekriegsgeschichte einer breiten Öffentlichkeit in Erinnerung gebracht wird. Die umfangreichen Illustrationen werden außerdem dazu beitragen, ein anschauliches Bild über das damalige Leben an Bord eines Kriegsschiffes zu vermitteln. Möge das Buch auch dazu beitragen, wieder ein bißchen mehr Geschichtsbewußtsein bei uns zu wecken.

Ich weiß, welchen hohen Stellenwert dieser Gedanke bei meinem langjährigen Freund, Herrn Verleger Gerhard Bollmann, hatte. Daher lag ihm auch das Erscheinen des vorliegenden Bandes besonders am Herzen. Er hat dieses Buch noch auf den Weg gebracht, ehe sein plötzlicher Tod ihn aus seiner Arbeit riß. So sei ihm, auch im Namen der Autoren, an dieser Stelle nochmals gedankt. Herr Bollmann war der Marine besonders zugetan, insbesondere auch der Emden-Familie. Daher wird dieser Band auch immer eine Erinnerung an einen großen Freund unserer Traditionsgemeinschaft bleiben.

Ich wünsche den beiden Autoren dieses neuen Emden-Buches vollen Erfolg und viele interessierte Leser.

Kapitän z. See a.D. Hans-Henning Bess *Herbst 1992*

Modell des kleinen Kreuzers S.M.S. »Emden«.

Zur Einführung

»Bedarf es noch eines Buches über S.M.S. *Emden?*« Diese Frage wird sich mancher Leser angesichts des umfangreichen Literaturverzeichnisses stellen. Über kaum ein Schiff wurde mehr geschrieben, als über diesen Kleinen Kreuzer, der im Ersten Weltkrieg auf sich allein gestellt, ohne Versorgungshäfen, in den Weiten des Indischen Ozeans Kaperkrieg führte.

Was veranlaßt Autoren, die bislang das Glück hatten, in ihrem Leben von Kriegen verschont geblieben zu sein, ein Kapitel deutscher Seekriegsgeschichte neu aufzuschlagen? Sicherlich nicht die Verherrlichung von Kriegsabenteuern, denn ein Krieg fordert immer Opfer, auch S.M.S. *Emden* mußte letztlich seinen blutigen Tribut zollen. Respekt und Anerkennung nötigt die Art und Weise ab, mit der Kommandant, Offiziere und Mannschaft ihre schwierige Aufgabe erfüllten, mit welcher List und Ritterlichkeit sie ihren Kontrahenten begegneten. Dies alles wurde in zahlreichen Büchern in unterschiedlichster Weise dargestellt: In Tatsachenberichten Überlebender, als vaterländisches Jugendbuch oder Abenteuerroman mit maßlosen Übertreibungen, obwohl die Tatsachen so abenteuerlich sind, daß sie keiner Übertreibung bedürfen.

Als gelungenste Veröffentlichung dürfen die »Kaperfahrten des Kleinen Kreuzers *Emden*« von R. K. Lochner angesehen werden. In vielen Büchern ist jedoch das Bildmaterial nur auf einige, immer wiederkehrende Aufnahmen beschränkt. Mit bislang unveröffentlichten Abbildungen aus Archiven und Privatbesitz werden die Fahrten des Kleinen Kreuzers und seiner Besatzungen insbesondere bis zum Ausbruch des Ersten Weltkrieges aus neuem Blickwinkel betrachtet.

Beim Studium der Quellen wurde uns bewußt, daß mit der Ankunft der nach der Schlacht bei den Cocos-Keeling-Inseln auf der *Ayesha* entkommenen *Emden*-Besatzung in Konstantinopel die Historie des Kleinen Kreuzers beendet erschien. Dem ist aber sicherlich nicht so! Denn noch 75 Jahre nach dem letzten Gefecht lernten wir eine *Emden*-Familie und in ihr den letzten Überlebenden der *Emden*-Besatzung kennen. Wie kam es dazu? Auf Wunsch der Preußischen Regierung sollten alle, die an den Kampfhandlungen teilgenommen hatten, ausgzeichnet werden. So nutzten ab 1921 viele das einmalige Dekret, den Zusatz *Emden* an ihren Familiennamen anzuhängen. Nach dem Tod des Kommandanten von Müller 1923 wurden die ersten *Emden*-Treffen organisiert, und diese Tradition wird bis heute beibehalten. Sie zu beobachten und die Geschichte des Überlebenden Heyo Aden-Emden darzustellen, ist uns ein besonderer Wunsch.

Schließlich war einer der Autoren (HD) von der *Emden*-Historie aus einem besonderen Grund fasziniert: Sein Großonkel Wilhelm Debelius-Emden hatte die Kaperfahrt und das letzte Gefecht überlebt, war aber schon in den dreißiger Jahren an den Folgen seiner Kriegsverletzung gestorben. Um mehr über ihn und sein Schicksal zu erfahren, besuchte er unter expeditionsähnlichen Bedingungen die abgelegenen australischen Cocos-Keeling-Inseln im östlichen Indischen Ozean. Es gelang ihm sogar, am Wrack des Kleinen Kreuzers *Emden* zu tauchen. Welchen Stellenwert die Schlacht H.M.A.S. *Sydney*/S.M.A.S *Emden* für Australien noch heute hat, wurde ihm erst dort bewußt. Exakt 75 Jahre nach dem letzten Gefecht 1914 entstanden unter Wasser einmalige Dokumente von einem Schiff, dessen Ruhm seine kurze Lebensdauer bis heute überstrahlt.

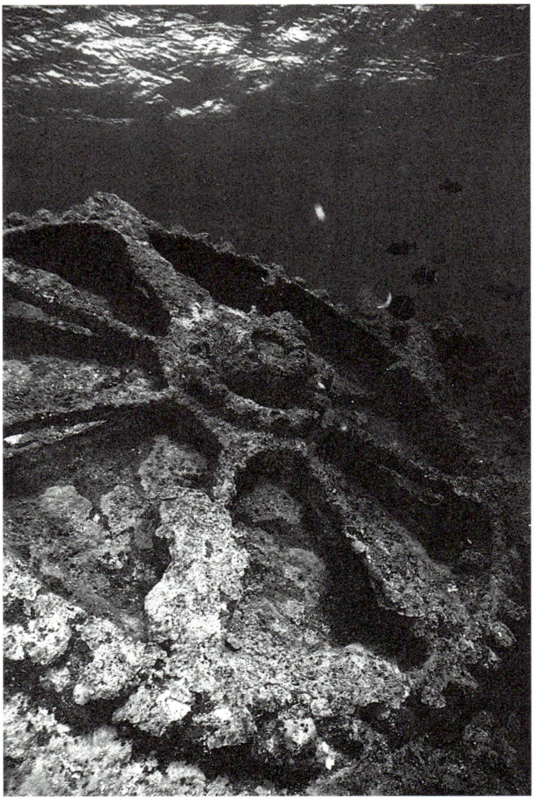

Kondensatordeckel aus dem Hilfsmaschinenraum.

Stapellauf und Probefahrten

Das Konstruktions-Departement des Reichsmarineamtes entwarf 1905, entsprechend dem Flottengesetz, zwei Kleine Kreuzer. Sie sollten die 1879/88 konstruierten und mittlerweile völlig veralteten Avisos *Pfeil* und *Comet* ersetzen.

Hatte man die zuvor gebauten Kreuzerklassen für den Flotten- und Auslandsdienst systematisch weiterentwickelt, so entschloß man sich, bei den Antriebsanlagen nur Ersatz *Comet* (Kl. Kreuzer S.M.S. *Dresden*) mit Turbinen zu versehen, während Ersatz *Pfeil* (Kl. Kreuzer S.M.S. *Emden)* wiederum mit einer dreizylindrigen Dreifach-Expansionsmaschine ausgerüstet werden sollte. Im Frühjahr 1907 wurde mit dem Bau von Ersatz *Comet* auf der Werft von Blohm & Voss in Hamburg begonnen, im Oktober gleichen Jahres lief das Schiff vom Stapel. Bei der Kaiserlichen Werft in Danzig dauerte es etwas länger: Mit dem Bau begann man bereits am 1. November 1906, doch sollte der Stapellauf erst nach eineinhalb Jahren erfolgen. Schon zu Kaisers Zeiten waren Staatsbetriebe nicht immer die schnellsten(!)

Der Ausrüstungspier der Kaiserlichen Werft in Danzig. Neben dem Betriebsgebäude liegt ein Kreuzer der Bussard-Klasse, im Hintergrund ein Küstenpanzerschiff der Siegfried-Klasse.

Daten:
Stapellauf/Bauwerft: 26. Mai 1908 Kaiserliche Werft Danzig. Ersatz *Pfeil.*
Schiffsart und -klasse: Kleiner Kreuzer, Typschiff *Dresden* (1), Schwesterschiff *Dresden* (1)
Besatzung: 361 Mann
Technische Angaben: Gewicht voll ausgerüstet 4268 t
Länge: 118,3 m, Breite: 13,5 m, Tiefe: 5,54 m
Antrieb: Exp. Masch. Geschw. 23,5 kn
Bewaffnung: 10 SK-10,5 cm, 8 SK-5,2 cm, 2 TR-45 cm.

Am 26. Mai 1908 war es soweit. Die Dampfsirenen der Werft ertönten pünktlich um zwölf Uhr; Gäste und Werftpersonal applaudierten, als der Kleine Kreuzer seinem Element übergeben wurde. Den Taufakt vollzog Dr. Fürbringer, der damalige Oberbürgermeister von Emden. Den Namen dieser eng mit der kurbrandenburgischen Marine verbundenen Stadt sollte das Schiff tragen.

Taufurkunde von S.M.S. »Emden«.

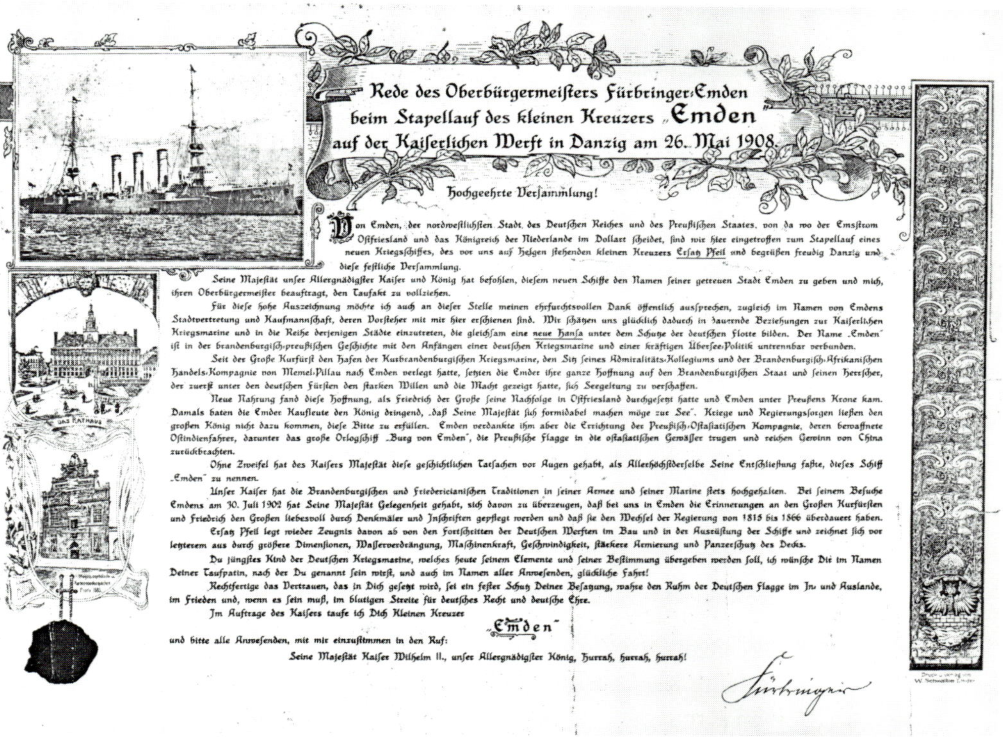

Rede des Oberbürgermeisters Fürbringer-Emden beim Stapellauf des kleinen Kreuzers „Emden" auf der Kaiserlichen Werft in Danzig am 26. Mai 1908.

Hochgeehrte Versammlung!

Von Emden, der nordwestlichsten Stadt des Deutschen Reiches und des Preußischen Staates, von da wo der Emsstrom Ostfriesland und das Königreich der Niederlande im Dollart scheidet, sind wir hier eingetroffen zum Stapellauf eines neuen Kriegsschiffes, des vor uns auf Helgen stehenden kleinen Kreuzers Ersatz Pfeil und begrüßen freudig Danzig und diese festliche Versammlung.

Seine Majestät unser Allergnädigster Kaiser und König hat befohlen, diesem neuen Schiffe den Namen seiner getreuen Stadt Emden zu geben und mich, ihren Oberbürgermeister beauftragt, den Taufakt zu vollziehen.

Für diese hohe Auszeichnung möchte ich auch an dieser Stelle meinen ehrfurchtsvollen Dank öffentlich aussprechen, zugleich im Namen von Emdens Stadtvertretung und Kaufmannschaft, deren Vorsteher mit mir hier erschienen sind. Wir schätzen uns glücklich dadurch in dauernde Beziehungen zur Kaiserlichen Kriegsmarine und in die Reihe derjenigen Städte einzutreten, die gleichsam eine neue Hansa unter dem Schutze der deutschen Flotte bilden. Der Name „Emden" ist in der brandenburgisch-preußischen Geschichte mit den Anfängen einer deutschen Kriegsmarine und einer kräftigen Übersee-Politik untrennbar verbunden.

Seit der Große Kurfürst den Hafen der Kurbrandenburgischen Kriegsmarine, den Sitz seines Admiralitäts-Kollegiums und der Brandenburgisch-Afrikanischen Handels-Kompagnie von Memel-Pillau nach Emden verlegt hatte, setzten die Emder ihre ganze Hoffnung auf den Brandenburgischen Staat und seinen Herrscher, der zuerst unter den deutschen Fürsten den starken Willen und die Macht gezeigt hatte, sich Seegeltung zu verschaffen.

Neue Nahrung fand diese Hoffnung, als Friedrich der Große seine Nachfolge in Ostfriesland durchgesetzt hatte und Emden unter Preußens Krone kam. Damals baten die Emder Kaufleute den König dringend, „daß Seine Majestät sich formidabel machen möge zur See". Kriege und Regierungssorgen ließen den großen König nicht dazu kommen, diese Bitte zu erfüllen. Emden verdankte ihm aber die Errichtung der Preußisch-Ostasiatischen Kompagnie, deren bewaffnete Ostindienfahrer, darunter das große Orlogschiff „Burg von Emden", die Preußische Flagge in die ostasiatischen Gewässer trugen und reichen Gewinn von China zurückbrachten.

Ohne Zweifel hat des Kaisers Majestät diese geschichtlichen Tatsachen vor Augen gehabt, als Allerhöchstderselbe Seine Entschließung faßte, dieses Schiff „Emden" zu nennen.

Unser Kaiser hat die Brandenburgischen und Friedericianischen Traditionen in seiner Armee und seiner Marine stets hochgehalten. Bei seinem Besuche Emdens am 30. Juli 1902 hat Seine Majestät Gelegenheit gehabt, sich davon zu überzeugen, daß bei uns in Emden die Erinnerungen an den Großen Kurfürsten und Friedrich den Großen liebevoll durch Denkmäler und Inschriften gepflegt werden und daß sie den Wechsel der Regierung von 1815 bis 1866 überdauert haben.

Ersatz Pfeil legt wieder Zeugnis davon ab von den Fortschritten der Deutschen Werften im Bau und in der Ausrüstung der Schiffe und zeichnet sich vor letzterem aus durch größere Dimensionen, Wasserverdrängung, Maschinenkraft, Geschwindigkeit, stärkere Armierung und Panzerschutz des Decks.

Du jüngstes Kind der Deutschen Kriegsmarine, welches heute seinem Elemente und seiner Bestimmung übergeben werden soll, ich wünsche Dir im Namen Deiner Taufpatin, nach der Du genannt sein wirst, und auch im Namen aller Anwesenden, glückliche Fahrt!

Rechtfertige das Vertrauen, das in Dich gesetzt wird, sei ein fester Schutz Deiner Besatzung, wahre den Ruhm der Deutschen Flagge im In- und Auslande, im Frieden und, wenn es sein muß, im blutigen Streite für deutsches Recht und deutsche Ehre.

Im Auftrage des Kaisers taufe ich Dich Kleinen Kreuzer

„Emden"

und bitte alle Anwesenden, mit mir einzustimmen in den Ruf:

Seine Majestät Kaiser Wilhelm II., unser Allergnädigster König, Hurrah, hurrah, hurrah!

Fürbringer

Am 20. August 1909 entstand dieses Bild. Es zeigt den Kleinen Kreuzer bei einer Meilenfahrt vor Neukrug in der Danziger Bucht. Erstmals erreichte er die geforderte Geschwindigkeit von 24 sm/h.

Keiner der zahlreichen Gäste ahnte, daß dieses Schiff in wenigen Jahren Geschichte machten würde, Geschichte, die auch Jahrzehnte später noch weltweit lebendig ist.
Jetzt waren jedoch noch Arbeiten am Ausrüstungspier erforderlich. Die *Emden* erhielt zunächst einen grauen Überwasseranstrich und stellte am 10. Juli 1909 zu Probefahrten in Dienst. Die Gesamtbaukosten beliefen sich auf 6,38 Millionen Goldmark.
Unter ihrem ersten Kommandanten, Fregattenkapitän Engels, beendete die *Emden* am 30. September 1909 die Probefahrten und erhielt den Befehl, beim bevorstehenden Kaisermanöver in der Ostsee als Begleitschiff der Kaiserlichen Yacht *Hohenzollern* zu fungieren. Am 29. August 1909 begleitete die *Emden* die *Hohenzollern* in Swinemünde.

S.M.S. *Emden* war für den Dienst in Ostasien vorgesehen. Kleinere Schwierigkeiten bei der Ausrüstung und Bemannung verzögerten den Einsatz. Am 26. März 1910 erteilte Kaiser Wilhelm II. den Befehl für die weitere Verwendung des Kleinen Kreuzers:

»An den Chef der Marinestation der Nordsee. Sie erhalten folgende Segelordre für Meinen Kleinen Kreuzer *Emden:*

1. Mein Kleiner Kreuzer *Emden* hat sich nach erlangter Seebereitschaft behufs Teilnahme an den Festlichkeiten in Buenos Aires so nach Montevideo zu begeben, daß er dort spätestens am 12. Mai eintrifft.
2. Die Auswahl eines oder mehrerer unterwegs anzulaufender Häfen bleibt Ihnen überlassen. Brasilianische Häfen sind nicht zu besuchen.
3. Mit dem Eintreffen in Montevideo bleibt Mein Kleiner Kreuzer *Emden* bis zum Verlassen von Buenos Aires unter dem Befehl des Fregattenkapitäns Goette, Kommandanten Meines Kleinen Kreuzers *Bremen.*
4. Unmittelbar nach der Entlassung in Buenos Aires begibt sich Mein Kleiner Kreuzer *Emden* nach dem Stillen Ozean, zur Vereinigung mit dem Kreuzergeschwader. Den Befehl für die Reise dorthin behalte Ich Mir vor.
5. Während des Aufenthaltes des Kreuzers im Atlantischen Ozean und an der Westküste von Südamerika bleibt das Schiff in allen militärpolitischen Angelegenheiten Mir direkt, in allen Admiralstabsangelegenheiten dem Chef des Admiralstabs der Marine unterstellt.
6. Befehle für den Kriegsfall werde Ich dem Kreuzer durch den Chef des Admiralstabs zugehen lassen.
7. Ein Reiseplan bis Montevideo ist Mir baldmöglichst vorzulegen.

Berlin, Schloß, den 26. März 1910 gez. Wilhelm I. R.«

Die Ausreise

Am 1. April 1910 stellte die Marine den Kleinen Kreuzer *Emden* (der Kreuzer hatte inzwischen seinen weißen Tropenanstrich erhalten) unter Korvettenkapitän Waldemar Vollerthun in Kiel in Dienst. Die Holtenauer Schleusen öffneten am 12. April 1910 ihre Tore zur ersten Auslandsreise, von der das Schiff allerdings nie mehr zurückkehren sollte.

Am 10. Mai 1910 ankerte der Kreuzer bereits vor Montevideo. Zusammen mit S.M.S. *Bremen* nahm S.M.S. *Emden* an den Feierlichkeiten zur einhundertjährigen Unabhängigkeit Argentiniens in Buenos Aires teil. Nach weiteren Aufenthalten in Punta Arenas, Valparaiso und Talkahuano trat S.M.S. *Emden* am 24. Juni 1910 mit 1080 Tonnen Kohle die Reise nach Tahiti an. Nach dem Passieren der Osterinsel ging der Kreuzer am 12. Juli 1910 mit einer Kohlenreserve von 190 Tonnen in Papeete/Tahiti vor Anker. Die Tatsache, daß das Schiff eine Strecke von 4400 Seemeilen ohne Kohleergänzung zurückgelegt hatte, veranlaßte Kaiser Wilhelm II. zu einem Glückwunschtelegramm. Am 22. Juli 1910 traf S.M.S *Emden* in Apia/Samoa mit dem Flaggschiff *Scharnhorst* zusammen und unterstand nun dem Kreuzergeschwader in der Südsee unter Konteradmiral Gühler.

Bei seiner Ausreise nach Montevideo passiert der Kreuzer am 12. April 1910 die Hochbrücke von Levensau im Kaiser-Wilhelm-Kanal.

Am 28. Mai 1910 liegt S.M.S. »Emden« am Pier von Buenos Aires. Anläßlich der Feierlichkeiten hat der Kreuzer über die Toppen geflaggt.

Im September 1910 liegt vor der Tsingtau-Brücke das Kreuzergeschwader auf Außenreede. Von links nach rechts: S.M.S. »Nürnberg«, S.M.S. »Emden«, S.M.S. »Scharnhorst«, S.M.S. »Condor«, S.M.S.»Cormoran«.

Am 9. September 1910 lichtete S.M.S. *Emden* in Friedrich-Wilhelmshafen den Anker und traf am 17. September 1910 erstmals in ihrem neuen Stützpunkt Tsingtau ein. Welchen Eindruck mögen die Männer der *Emden* von der pulsierenden Hafenstadt im fernen China bekommen haben? Sicherlich fanden sie auch viel Vertrautes, denn beim Aufbau dieser Stadt wurden die Gebäude in heimatlichem Stil errichtet. Fachwerk, Giebel und Türmchen boten das Bild einer deutschen Idylle. Geschäftshäuser mit deutschen Waren lagen am Kaiser-Wilhelm-Ufer. Das kaiserliche Postamt in der Prinz-Heinrich-Straße und in der Wilhelmstraße die Deutsch-Asiatische Bank, die Adlerdrogerie, das Bierhaus Fürstenhof, das Hotel Prinz Heinrich mit Konzert- und Theatersaal sowie das Centralhotel mit Rollschuhbahn. Friseur Müller verschönte die Damenwelt und in den Kaufhäusern von Lindner & Krog gab es das gleiche Angebot wie im fernen Heimatland. Wie kam es zum Erwerb von Kiautschou?

Das Gebiet von Kiautschou.

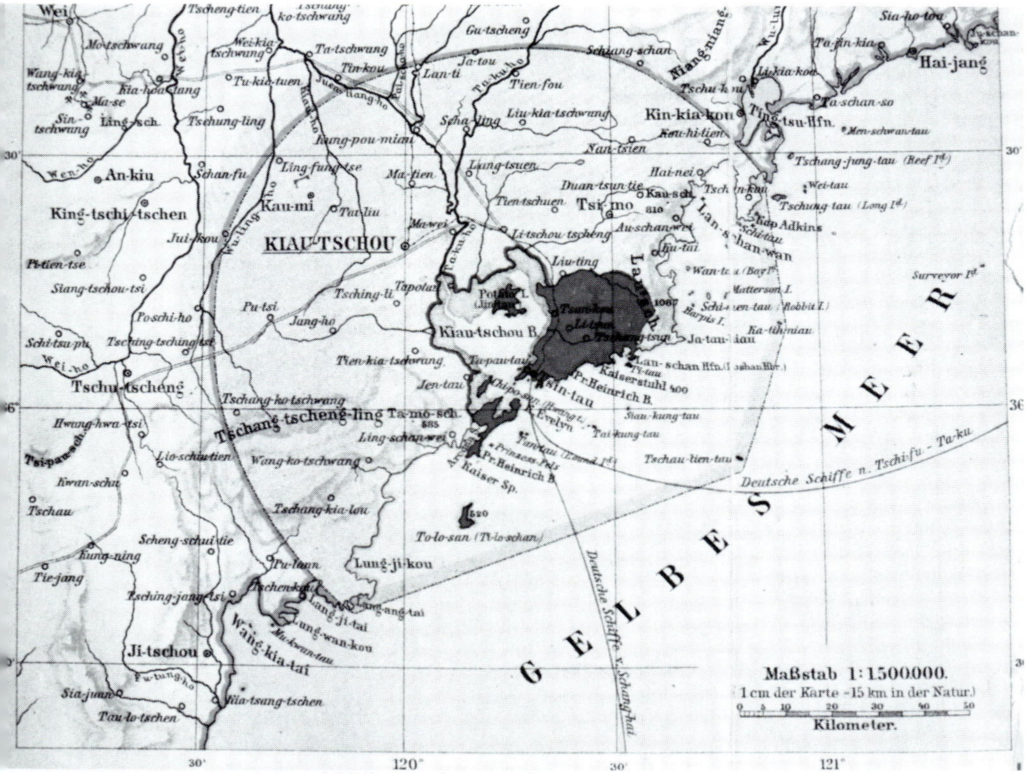

Der Marinestützpunkt Kiautschou

Ein langgehegter Wunsch der Kaiserlichen Marine war die Errichtung eines Stützpunktes in Ostasien. Entsprechende Überlegungen hatte man bereits angestellt und das Gebiet Kiautschou wegen seines Naturhafens und des mitteleuropäischen Klimas als geeignet ausersehen. Die Ermordung zweier deutscher Missionare in der chinesischen Provinz Südschantung bot dann den willkommenen Anlaß zur Besetzung. Am 14. November 1897 setzte das Kreuzergeschwader unter Vizeadmiral von Diederichs ein Landungskorps ab, das Tsingtau und die Höhen des Lauschan-Gebirges besetzte.

Zur Erinnerung an die Besitznahme Tsingtaus errichtete man auf halber Höhe zum Signalberg den Diederichsstein.

Waggons der Schantung-Eisenbahn-Gesellschaft.

Zur Legalisierung des Unternehmens schloß das Deutsche Reich mit der chinesischen Regierung 1898 einen Pachtvertrag für die Dauer von 99 Jahren ab. Im Gegensatz zu den anderen Schutzgebieten, die dem Kolonialamt unterstanden, war für Kiautschou stets das Reichsmarineamt zuständig. Die Bedeutung als Flottenstützpunkt wurde damit unterstrichen. In den Jahren bis zum Ersten Weltkrieg entwickelte sich das Gebiet mit seiner Hauptstadt Tsingtau mustergültig. Als Endpunkt der Schantung-Bahn und mit gut ausgebautem Hafen kam eine wirtschaftliche Blüte, die ihre Auswirkungen bis heute erkennen läßt.
Die Bevölkerung wuchs von 83000 im Jahr der Besetzung auf über 200000 im Jahr 1914. Nach Ausbruch des Ersten Weltkrieges forderte Japan das Gebiet, und nach erbitterten Kämpfen zwischen den Deutschen und den alliierten Japanern und Engländern mußte der Gouverneur, Kapitän z. See Meyer-Waldeck, nach Erschöpfung der Vorräte kapitulieren.

Japan besetzte Kiautschou bis 1922 und gab es dann an China zurück. Der von Deutschland entwickelte Aufbau hat sich bis heute rasant fortgesetzt. Kiautschou unter seinem jetzigen Namen Qingdao zählt mit rund 1,5 Millionen Einwohnern zu den wichtigsten Industriegebieten Chinas. Sein Hafen ist der größte Umschlagplatz für die in der Schantung-Provinz geförderte Kohle. Auch der alte, in deutschem Baustil errichtete Stadtkern ist fast komplett erhalten geblieben. In der ehemaligen Germania-Brauerei wird noch heute das weltweit exportierte »Qingdao-Bier« gebraut.

Im Stil deutscher Kleinstädte waren die Gebäude Tsingtaus errichtet.

Die Germania-Brauerei in Tsingtau.

Im Tsingtau-Club fand das gesellige Leben des Flottenstützpunktes statt.

Eingang zum Haus des Gouverneurs, Kapitän zur See Meyer-Waldeck.

Ein schön angelegter Strand machte Tsingtau zum Seebad.

Erster Einsatz

Am 27. Oktober 1910 verließ S.M.S. *Emden* seinen Heimathafen zu einer Fahrt in die Jangtse-Mündung, um anschließend nach Talfahrt an der NDL-Boje vor Shanghai festzumachen. Nach einem Besuch Nagasakis kehrte das Schiff nach Tsingtau zurück, um fällige Jahresreparaturen durchführen zu lassen. Wegen Unruhen auf Ponape mußten die Arbeiten abgebrochen werden. Der Kreuzer erhielt den Befehl zu seinem ersten Einsatz in den deutschen Schutzgebieten der Südsee.

Was aber hatte das Deutsche Reich in der Südsee zu suchen? Nicht mehr und nicht weniger als alle anderen europäischen Nationen, die im Fernen Osten Kolonien unterhielten. Die dort gewonnenen Produkte und Rohstoffe waren von wirtschaftlicher Bedeutung und ansässige Handelsniederlassungen erbaten den Schutz des Reiches. Dieser wiederum war nur durch die Entsendung von Kriegsschiffen gewährleistet. So wurden die ostasiatischen Gewässer zu einem Tummelplatz nahezu aller Flotten.

S.M.S. »Emden« liegt am Ausrüstungspier der Tsingtau-Werft. Links das Betriebsgebäude, daneben der 150-t-Kran.

Zu den im Pazifik gelegenen deutschen Kolonien gehörten der nordöstliche Teil von Neu-Guinea (Kaiser-Wilhelms-Land), der Bismarck-Archipel, die Marshall-Inseln sowie die Karolinen-, Marianen-, Salomonen- und Palau-Inseln; außerdem die 3000 km östlich gelegenen beiden größten Inseln von Samoa.
Neuguinea, 1884 erworben, wurde bis 1898 von der deutschen »Neuguinea-Compagnie« verwaltet, bevor das Deutsche Reich die vollen Hoheitsrechte ausübte. Das Neuguinea-Gebiet und Deutsch-Samoa verwaltete je ein Gouverneur. Immer wieder kam es in Teilen der Schutzgebiete zu Unruhen unter der einheimischen Bevölkerung, die den Einsatz von Kriegsschiffen erforderlich machten: 1887 *Adler* auf Samoa, 1888 schweres Gefecht des Landungskorps *Olga, Adler* und *Eber* gegen aufständische Samoaner, 1892 *Sperber* auf Butaritadi und *Bussard* im Kaiser-Wilhelms-Land, 1898 *Möwe* und *Falke* auf dem Bismarck-Archipel, 1908 *Jaguar* auf Ponape, 1909 *Leipzig, Arcona* und *Jaguar* auf Samoa.
Im Januar 1911 wurde die *Emden* nun zu einem ersten Einsatz nach Ponape beordert, um gemeinsam mit der *Nürnberg,* der *Planet* und der *Cormoran* die ausgebrochenen Unruhen zu schlichten. Aufständige Jokajs hatten bei Streitigkeiten den deutschen Bezirks-Amtmann Böder, drei weiße Beamte und fünf farbige Polizisten ermordet und sich danach auf der kleinen Insel Dschokadsch bei Ponape verschanzt. Das Kommando über die versammelten Schiffe

Befestigungswerke der Aufständischen nach der Eroberung.

Wohn- und Dienstgebäude des Bezirks-Amtmannes Böder auf Ponape.

übernahm als rangältester Offizier der Kommandant der *Emden,* Fregattenkapitän Vollerthun. Nach Beschießung der Insel gelang es den Aufständischen, sich in das Hinterland zurückzuziehen. Nach sechswöchigen Kämpfen, die im unwegsamen Gebiet Ponapes den Landungskorps große Strapazen auferlegten, gelang es, den Aufstand niederzuschlagen. Das Kommando des Landungszuges und der Polizeitruppen übernahm Fregattenkapitän Taegert. Aus seinen Aufzeichnungen folgender Auszug:

»In den dichten Busch des Unterlandes dieser Insel, die ein schmaler Wasserlauf von der Hauptinsel trennt, wollte der Bezirksamtmann Böder im Herbst 1910 durch die Jokojs selbst einen Weg legen lassen. Hierbei kam es am 17. Oktober zu schweren Widersetzlichkeiten, in deren Verlauf Böder mit mehreren seiner Beamten und einigen schwarzen Soldaten in scheußlicher Weise ermordet wurde.
Der Anstifter der Bluttat, der Häuptling Yomatau, suchte auch die übrigen Stämme zu einem allgemeinen Aufstande gegen die Weißen aufzustacheln. Aber diese blieben dank dem Einflusse des allgemein verehrten Regierungsarztes Dr. Girschner auf deutscher Seite. Girschner gelang es die zunächst wochenlang von jeder Nachrichtenverbindung abgeschnittene Insel gegen die blutdürstigen Jokojs zu halten, bis Hilfe herbeikam, erst 200 schwarze Soldaten aus Raboul, dann *Cormoran* und *Planet.*
Aber zur Niederkämpfung der Aufständischen, die mehrere Hundert gut mit Mehrladegewehren ausgerüstete Mann zählten, waren stärkere Streitkräfte nötig. Als solche erschienen endlich am 11. Januar, also fast 3 Monate nach dem Morde *Emden* und *Nürnberg* vor der Insel.
Fregattenkapitän Vollerthun von der *Emden* übernahm nunmehr die Leitung der Operationen. Die Insel Djokadsch wurde von allen Seiten eingeschlossen. Es sollte versucht werden, den Jokojs ihre dortige berüchtigte Felsenstellung zu entreißen und sie dann möglichst alle auf der Insel gefangen zu nehmen. Am 13. Januar begannen die Unternehmungen. Nach einer heftigen Beschießung durch die Schiffsgeschütze ging das *Nürnberg*-Landungskorps mit 100 schwarzen Soldaten zum Angriff auf die feindliche Stellung an Land.

Die Leitung war mir, dem damaligen Kommandanten S.M.S. *Nürnberg,* übertragen. Wir gingen zunächst sehr vorsichtig in dem ungefähr 2 Kilometer breiten Busch des Vorgeländes vor. Wo der schmale steile Aufstiegweg lag, den wir zum Sturm benutzen sollten, hatte uns niemand genau angeben können. Meine Aufgabe war zunächst, aufzuklären, der Sturm selbst sollte dann, wenn nötig, mit weiteren Verstärkungen, erst an einem der nächsten Tage stattfinden.
Zum Glück ging es schneller. Gegen 3 Uhr nachmittags kam der neue Bezirks-Amtmann zu mir mit mehreren befreundeten Häuptlingen. Diese meldeten, die Jokojs seien durch die Beschießung gänzlich mutlos geworden, und sie, die Häuptlinge, seien bereit, uns auf die Felsenhöhe heraufzuführen.
Das leuchtete ein, hier hatten wir die ersehnten ortskundigen Führer. Das Gepäck wurde abgelegt und zum beschleunigten Sturmangriff, angetreten. Die Spitze, schwarze Soldaten und ausgesucht gewandte Leute von der *Nürnberg,* unter Oberleutnant z. S. Freiherr von Spiegel und Polizeimeister Jahn, kam gegen 4 Uhr am Fuße des hier etwa 150 Meter fast senkrecht aufsteigenden Hochkammes an.
Von da an ging eine wüste Kletterei los. Glücklicherweise hatten wir reichlich Signalleinen mitgenommen, die geschickt verwendet wurden. Die Mannschaften, seit 4 Uhr morgens im Gange, leisteten bei der furchtbaren Hitze Glänzendes. Nach kurzem Steigen ertönte ein wildes Kampfgeschrei, zugleich setzte ein Hagel großer Felsblöcke ein. Spiegel ließ seine Leute auseinanderkriechen, um die schmale feindliche Stellung, ein dicke Steinmauer, zu umfassen. Ein heftiges Feuergefecht folgte, mit Verlusten auf beiden Seiten. Dann gingen unsere Leute zum Sturmangriff über.
Der Feind floh unter Hinterlassung einiger Toter, und um 5 Uhr wehte unsere Kriegsflagge auf der höchsten Spitze von Djokadsch!
Ein stolzer Erfolg war errungen. Die von den Eingeborenen für uneinnehmbar gehaltene Stellung, die auf der ganzen Karolinen-Gruppe eine gewisse Berühmtheit hatte, war unerwartet schnell und mit nur geringem Verluste in unsere Hände gefallen.
Am nächsten Tage nahmen wir beim Abstreifen des etwa 1000 Meter langen Felsenkammes eine Anzahl Jokojs gefangen, andere stellten sich freiwillig im unteren Teile der Insel. Aber unsere Hoffnung, auf Djokatdsch den Hauptteil unserer Gegner zu fassen, erfüllte sich nicht. Es gelang ihnen, meisterhaften Schwimmern, in der nächsten regnerischen Nacht auf die Hauptinsel zu entkommen.
Nun galt es, sie dort zu suchen. Schwere Wochen folgten. Wir lernten die Strapazen des Buschkrieges von allen Seiten kennen. Es kam darauf an, unseren leichtfüßigen Gegnern unter ihrem geschickten Führer Yomatau keine Ruhe zu lassen. Zunächst suchten sie sich in dem fruchtbaren Unterlande der Insel zu halten. Unaufhörliche Züge starker Streifkorps hatten sie bald von dort vertrieben.
Dann nahm das wüste Innere der Insel sie auf, Gegenden, die der Ponapese sonst nicht betritt, zerklüftete Basaltberge, die bis zu einer Höhe von 900 Meter ansteigen, überall bedeckt mit gefällten Baumstämmen, den Opfern eines Orkans, der hier 20 Jahre vorher gewüstet hatte. Aber auch hier waren sie nicht sicher. Die Späher des unermüdlichen Bezirksamtmanns brachten uns immer wieder Kunde. Es gab keinen Platz, nach dem wir ihnen nicht gefolgt wären. Tagelang marschierten unsere Leute in dem weglosen Urwald, bei glühender Hitze, oft auch bei wolkenbruchartigem Regen, unverdrossen ihr schweres Landungsgepäck schleppend. Die gewandten schwarzen Soldaten leisteten uns dabei vorzügliche Dienste.
Einmal noch, nach 3 Wochen, stellte sich Yomatau zum Kampf, in Nankiop, einer starken abgelegenen Bergstellung, wo schon früher verlustreiche Kämpfe mit den Spaniern stattgefunden hatten. Hier gingen wir ihm mit allen Streitkräften zu Leibe. Korvettenkapitän Siemens vom *Cormoran* führte die eine Hälfte, bestehend aus seinem

Landungskorps, dem der *Nürnberg* und 100 schwarzen Soldaten. Er schloß die feindliche Stellung von der linken Seite ein. Zum Sturmangriff auf die rechte Flanke war das Landungskorps der *Emden* und der Rest der Schwarzen unter meiner Führung bestimmt.
Wir wurden wieder von befreundeten Eingeborenen geführt. Aber selbst diese fanden sich in dem Dickicht so schlecht zurecht, daß wir erst nach achtstündigem, ungeheuer anstrengendem Marsch vor der Stellung ankamen. Es war kurz vor Sonnenuntergang, die Zeit drängte. Ohne eine Ruhepause mußte zum Angriff geschritten werden. Der Feind lag wieder hinter Steinmauern, sehr heftig feuernd. Erst nachdem ein Maschinengewehr in Tätigkeit getreten war, konnten wir ihn, sprungweise vorgehend, aus seiner Stellung vertreiben. Er entkam die Felsen hinauf, die wir in der Eile ihrer furchtbaren Steilheit wegen nicht völlig hatten umschließen können.
Aber unsere Verluste, 2 Tote und 5 Verwundete neben mehreren schwarzen Soldaten, waren nicht vergebens gewesen. Von jetzt ab stieg die Zahl der feindlichen Überläufer von Tag zu Tag, und als wir die Jokojs auch aus ihrem letzten Zufluchtsort, der ganz im Inneren gelegenen Höhle von Impeip, vertrieben hatten, war ihre Widerstandskraft völlig gebrochen.
Am 13. Februar stellte sich Yomatau mit dem Rest seiner Anhänger. Munition hatten sie noch genug, aber unser ständiges Hetzen konnten sie nicht länger ertragen.
Ein strenges Strafrecht folgte. Die Rädelsführer der hinterlistigen Ermordung mußten ihre Tat mit dem Tode büßen. Sie bewahrten bis zum Schluß eine furchtlose Haltung. Der Rest des Stammes 172 Personen wurde nach der Insel Yap in die Verbannung geschickt.
Auf Ponape war wieder Ruhe, mit Recht konnte Kapitän Vollerthun in seinem Schlußbericht über die Operationen schreiben: ›Der Eindruck den dieser Erfolg auf die übrigen Stämme der Insel gemacht hat, ist tief und nachhaltig. Wenige nur haben an die Überwindung des kriegerischest und bisher unbesiegten Stammes ihrer Insel überhaupt geglaubt. Niemand aber hat den weißen Truppen solche Zähigkeit, Energie und eine so vollkommene Verachtung von Kugel und Mauer zugetraut.‹«

Im März 1911 verließ die *Emden* Ponape und nahm Kurs auf Tsingtau. Nach dem plötzlichen Tod von Konteradmiral Gühler (er erlag in Hongkong einer Typhus-Erkrankung) wurde Konteradmiral von Krosigk Chef des deutschen Kreuzergeschwaders auf der ostasiatischen Station.

Wieder im Stützpunkt

Von März bis April verholte der Kreuzer in das 16000-Tonnen-Schwimmdock der Tsingtauer Werft zur längst fälligen Überholung.
Mit frischem Anstrich ging es dann zu einer Reise von Tsingtau nach Nagasaki und Kobe, den zu dieser Zeit befreundeten japanischen Hafenstädten. Nach der Rückkehr wurde im Mai 1911 ein Teil der Besatzung abgelöst. Wenngleich der Dienst auf den Auslandskreuzern sehr begehrt war – wie sonst konnte man zur damaligen Zeit ferne Länder besuchen –, wurden die Schiffsbesatzungen in regelmäßigen Abständen ins Heimatland zurückbeordert. Mit wehenden Heimatwimpeln verließen die Ablösedampfer den Pier von Tsingtau.
Im Juni 1911 ankerte *Emden* bei Shantung-Leuchturm und ein Teil der Besatzung besuchte an Land den »Iltis-Friedhof«. Das Kanonenboot *Iltis* war bei der Niederschlagung der Taku-Forts im Boxeraufstand 1896 vor Kap Shantung im Orkan gesunken.

S.M.S. »Emden« liegt im 16000-Tonnen-Schwimmdock der Tsingtau-Werft.

Besatzungsmitglieder von S.M.S. »Emden« am Eingang des »Iltis-Friedhofes«.

Am 23. November 1911 übernahm Korvettenkapitän von Restorff das Kommando auf S.M.S. *Emden*. Das nächste Jahr begann mit einem Besuch in Shanghai. Es gehörte zu den Aufgaben des Schiffes, regelmäßig in den asiatischen Häfen die deutsche Flagge zu zeigen. Daß Shanghai eine gern besuchte Stadt war, hatte noch einen besonderen Grund: Aus den Tagebuchaufzeichnungen eines Offiziers geht hervor: . . . *und dann besuchten wir die »Erste Deutsche Engros Schlachterei und Wurstfabrik« von Richard Neumann, Ecke Astor Road. Hier gibt es die beste Linsensuppe mit Hausmacherschlachtewurst in ganz Asien.*
Im Mai 1912 erfolgte wieder der routinemäßige Besatzungsaustausch, im November des gleichen Jahres entstand auf dem Wuangpoo vor Shanghai ein Gruppenbild der *Emden*-Offiziere, das voller Stolz an die Lieben nach Hause gesandt wurde.
Die Schiffstagebücher enthielten in der Folgezeit wenig Bemerkenswertes, ganz im Gegensatz zu den privaten Tagebüchern der Offiziere. So eintönig war die Dienstzeit in Asien keineswegs, blieb doch noch genügend Zeit für Besichtigungen an Land und Hausbootsfahrten auf Flüssen. Auch das gesellschaftliche Leben kam nicht zu kurz: Mit vielen Offizieren englischer Schiffe hatte man Freundschaft geschlossen und niemand hielt es damals für möglich,

Besuche in Japan erfreuten sich großer Beliebtheit, denn Geisha-Feste boten Kontaktmöglichkeiten zur einheimischen Bevölkerung.

Japanische Badehäuser brachten etwas Abwechslung zur üblichen Bordroutine.

»Erste Deutsche Engros Schlachterei & Wurstfabrik« mit Elektrischem Betrieb von Richard Neumann, Shanghai Ecke Astor Road, vis-à-vis Broadway.

Obere Reihe von links nach rechts: Marine-Ingenieur Warnecke, Marine-Stabsingenieur Rauch, Marine-Oberzahlmeister Oppermann, Marine-Ingenieur von Uslar, Oberleutnant z. See von Ruville, Marine-Ingenieur Franksen, Leutnant z. See Hillebrand, Kapitänleutnant George, Leutnant z. See Haas, Oberleutnant z. See Arnauld de la Perière. Mittlere Reihe v.l.n.r.: Kapitänleutnant Peucer, Kapitän z. See von Restorff, Kapitänleutnant Bess, Marinestabsarzt Dr. Schoemann. Untere Reihe v.l.n.r.: Fähnrich z. See Fikentscher, Leutnant z. See Ladisch, Fähnrich z. See von Guérard.

Der I.O. Kapitänleutnant Bess mit europäischen Freunden bei einer Hausbootfahrt.

daß man sich einmal als Gegner im Kampf gegenüberstehen sollte. Gemeinsame Sportvergleiche, Reitturniere, Kutterrennen und Bordfeste waren an der Tagesordnung und zeugten vom gemeinsamen Interesse der Europäer in Asien. Daß ein Kriegsschiff durchaus friedlichen Zwecken dienen konnte, beweist die Tagebucheintragung des I. O., Kapitänleutnant Bess, über ein Bordfest in Shanghai:

Nanking 1911. Die Offiziere der »Emden« bewirten den deutschen Konsul Dr. Schulz und andere Gäste.

»Mit diesem Fest wollte die *Emden* ihren Verpflichtungen für all die so vielen Freundlichkeiten, die wir in Shanghai stets genossen hatten, nachkommen. Die Personenliste in der Anlage. Und das Fest war im wahrsten Sinne des Wortes ein ›Zauberfest‹, hat in Shanghai viel von sich reden gemacht. Die Hütte war in einen Palmengarten, in dem die lauschigsten Plätze nicht fehlten, verwandelt. Um das Handruder herum, das durch Bambus abgeschlossen war, saß die Bordkapelle vom Kaiser Franz Josef und spielte wundervoll. Auf der Hütte sowohl wie auf beiden achteren Decks wurde getanzt. Die Kammern unter der Hütte waren in lauschige cosy corners verwandelt, sie erfreuten sich eines regen Zuspruches. Achtern im Kommandanten-Salon, der als Konditorei hergerichtet, spielte unsere kleine Messekapelle lauschige Weisen (Klavier, 1 a Geige und Klarinette). St. Bord vorn an Deck stand eine Schießbude und an B. Bord war eine Wurstbude aufgemacht, vor der man an kleinen einzelnen Tischen sitzend, gute Wiener Wurst schlecken konnte. An diesem Platze saß denn noch bis tief in die Nacht hinein, nachdem die eingeladene Weiblichkeit verschwunden war, die Herrenwelt bei tüchtigem Umtrunk beisammen. Eine jede der Damen erhielt vom 1. Offizier am Fallreep einen hübschen Blumenstrauß mit dem *Emden*-Mützenband überreicht.«

Frühjahr 1912: Die »Emden« liegt in Tschifu/China. Der Kommandant, Kapitän z. See von Restorff, hat sich zum Landgang fertig gemacht.

Marinestabsarzt Dr. Schoemann unterhält seine Kameraden mit dem Imitieren eines britischen Gentleman.

Zur gleichen Zeit entstand dieses Bild auf der Hütte des Kreuzers. V.l.n.r.: Kapitänleutnant H. Bess, Oberleutnant z. See Arnauld de la Perière, Mister Beart, Miss Victoria Beart, Leutnant z. See Röthig, Miss Olive Beart.

Am 30. November 1912, die *Emden* lag als Stationär vor Shanghai, erhielt der Kreuzer den Auftrag, dem deutschen Dampfer *Deike Rickmers* Hilfe zu bringen. Das Schiff war vor der Einfahrt nach Chinampo an der Nordwestküste Koreas bei Rioktau auf eine Sandbank gelaufen. Unter Mithilfe eines japanischen Bergungsschleppers gelang es der *Emden,* den Dampfer freizuschleppen. Die Rickmers-Reederei überwies der Kreuzerbesatzung den erfreulichen Betrag von 5000 Goldmark als Bergungsprämie. Das Geld wurde unter anderem zu einem mehrtägigen Ausflug der Besatzung in das Lauschan-Gebirge verwendet.
Nach der Kohlenaufnahme in Tsingtau dampfte der Kreuzer nach Wusung-Reede und ging hinter S.M.S. *Scharnhorst,* dem Flaggschiff des neu an Bord gekommenen Chefs des deutschen Kreuzergeschwaders, Admiral Graf von Spee, vor Anker. Das anschließende Weihnachtsfest feierten die Seeleute in Hongkong. Auch das Flaggschiff des englischen Ostasiengeschwaders, H.M.S. *Minotaur,* war zu dieser Zeit in Hongkong. Am 3. Januar 1913 waren die *Emden*-Offiziere zu einem Bordfest auf die *Minotaur* eingeladen. Aus Tagebüchern gehen weitere private und sehr freundschaftliche Kontakte zwischen deutschen und englischen Offizieren hervor.

Die »Deike Rickmers« wird von S.M.S. »Emden« und dem japanischen Schlepper »Hagukin Maru« freigeschleppt.

Im März 1913 marschieren Besatzungsmitglieder der »Emden« nach Infanterieübungen durch die Shantung-Straße in Tsingtau. Hoch zu Roß Leutnant z. See Fikentscher.

Im Frühjahr 1913 ist Gefechtsdienst angesagt. Während der Kreuzer auf der Werft überholt wird, marschieren die Männer zu Infanterieübungen und zum MG-Schießen in das Gelände um Tsingtau, denn auf Landkämpfe mußten die Matrosen vorbereitet sein, wie die Einsätze der Landungskorps beweisen. Aber auch an Manövern des gesamten Kreuzergeschwaders nimmt S.M.S. *Emden* bis in die ersten Apriltage in den Gewässern vor Tsingtau teil. Die anschließende Gefechtsbesichtigung durch den Geschwaderchef fällt für die Kreuzerbesatzung erfolgreich aus.

Da wieder einmal eine Ablösung bevorstand, die Schiffskasse zudem mit der Bergungsprämie der Rickmers-Reederei reichlich gefüllt war, nutzte man die letzten Tage zu Landausflügen und Sportfesten.

Am 29. Mai machte der NDL-Dampfer *Königin Luise* am Kai von Tsingtau fest. Er brachte die Ablösung für die Schiffe des Kreuzergeschwaders. Für die *Emden* kamen Oberleutnant Witthoeft als Torpedo-Offizier, Oberleutnant Gaede als Artillerie-Offizier und Stabsarzt Dr. Luther. Vom Admiralstab kommend, traf auch der neue Kommandant, Korvettenkapitän Karl von Müller, in Tsingtau ein.

Eines der zahlreichen Sportfeste. Auf dem Iltisplatz messen britische und deutsche Seeleute ihre Kräfte beim Tauziehen.

Der neue Kommandant, Korvettenkapitän Karl von Müller.

Die anschließende Reise mit Begleitdampfer *Titania* zur Insel Yap/Karolinen und Neuguinea brachte für viele Besatzungsmitglieder am 7. Juli 1913 die große Linientaufe beim Passieren des Äquators, eine Zeremonie, der sich auch der neue Kommandant der *Emden* nicht entziehen konnte.
Erneute Unruhen in China beendeten vorzeitig die Südseereise und machten die Anwesenheit des Kreuzers in Tsingtau und Wusung erforderlich. S.M.S. *Emden* bekommt den Befehl, andere deutsche Schiffe auf dem Jangtse vor

Linientaufe am 7. Juli 1913. Neptun überreicht dem Kommandanten von Müller den Dreizackorden.

Parade des Ost-Asiatischen Geschwaders in Friedrich-Wilhelmshafen, Deutsch Neu-Guinea.

Das Landungskorps der »Emden« am Strand von Baongung in Neu Hannover.

Nanking abzulösen. Nach Ankunft leistet der Kreuzer Geleitschutz für deutsche Handelsschiffe auf dem riesigen Fluß. Am 25. August 1913 werden der deutsche Dampfer *Suevia,* der französische Aviso *D'Iberville* und das englische Kanonenboot *Cadmus* flußaufwärts von Rebellen beschossen. Graf Spee ordert darauf die *Emden* nach Hankau. In Höhe des Forts Tung-Lin-Chan wird auch der Kreuzer durch Aufständische beschossen. Mit fünf vollen Salven nach backbord wird das Feuer erwidert, so daß die Rebellen aufgeben. Die chinesische Regierung bedauert den Vorfall und die englische »Shanghai-Times« berichtet voller Anerkennung über das entschlossene Handeln des Kommandanten.

Schiffe des internationalen Geschwaders liegen auf dem Jangtse vor Nanking. V.l.n.r.: Kanonenboot S.M.S. »Luchs«, ein chinesischer Postdampfer, der britische Panzerkreuzer H.M.S »Hampshire«, der japanische Kreuzer »Chiyoda«. Die Aufnahme entstand von Bord der »Emden«, links im Bildrand ist das ausgeschwungene Motorboot zu sehen.

Vor Nanking liegt das Flußkanonenboot S.M.S. »Vaterland« neben der »Hulk« des Norddeutschen Lloyd. Im Hintergrund das Fort Löwenhügel.

Ende August erreicht die *Emden* Hankau und ist damit 500 km flußaufwärts gefahren. Neue Offiziere kommen an Bord, darunter Prinz Franz Joseph von Hohenzollern-Sigmaringen. Anstelle des abgelösten I. O., Kapitänleutnant Bess, tritt der bisherige Navigationsoffizier Peucer.

Nach einer Japanreise mit der *Scharnhorst* und dem Torpedoboot *S 90* wurde dieses Jahr vor Shanghai liegend beendet. Sylvester 1913 ankerte die *Emden* im Hafen von Amoy und pflegte gesellschaftliche Kontakte zu den dort lebenden Europäern.
Kaisers Geburtstag am 27. Januar 1914 bot Anlaß, den »Schwan des Ostens«, wie man die *Emden* wegen ihres eleganten Aussehens nannte, über die Toppen zu flaggen. Der Geburtstag Kaiser Wilhelm II. war in Deutschland einer der höchsten Feiertage. Die Kinder hatten schulfrei und bunte Fahnen säumten die Straßen. Platzkonzerte und Festveranstaltungen gaben diesem Tag seinen besonderen Glanz. Diese Tradition pflegten selbstverständlich die Schiffe der Kaiserlichen Marine, wo immer sie waren. Vormittags fand an Deck die Musterung statt, anschließend hielt der Kommandant Gottesdienst. Der Tag klang mit einem Ball im Astor-Hotel in Shanghai festlich aus.
Im Februar 1914 geht der Kreuzer zum letzten Mal in das Schwimmdock der Kaiserlichen Werft von Tsingtau. Kessel und Maschinen werden überholt und

Vom 27. bis 28. November 1913 liegt die »Emden« im Hafen von Nagasaki.

Am 27. Januar 1914 liegt der Kreuzer an Melchers Boje vor Shanghai. Das Schiff hat anläßlich des Geburtstages von Kaiser Wilhelm II. über die Toppen geflaggt.

Februar 1914:
Der Kreuzer geht zum letzten Mal in das Schwimmdock der Tsingtau-Werft.

der Anstrich erneuert. Niemand ahnt zu diesem Zeitpunkt, daß es der letzte Werftbesuch dieses Schiffes ist. Während der Liegezeit in Tsingtau stoßen zwei aus Indochina desertierte Fremdenlegionäre zur *Emden*-Besatzung. Einer davon, der in Nordafrika gedient hatte, sollte später dem Landungskorps unter Kapitänleutnant von Mücke gute Dienste erweisen. Nur er wußte, wie man mit Kamelmist Feuer macht.

Nach Beendigung der Dockzeit wird der bisherige Navigationsoffizier Kapitänleutnant von Mücke Erster Offizier, Korvettenkapitän von Müller wird zum Fregattenkapitän befördert. Am 28. März 1914 läuft der Kreuzer zu einem Gefechtsmanöver aus. Hier kommt es zu einem bedauerlichen Zwischenfall: Von Müller übersieht, daß *S 90* noch längsseits vertäut liegt und beschädigt das Torpedoboot durch einige Schläge mit der Backbordschraube. Ein Vorfall, der ihm einen schriftlichen Verweis einbringt. Wie man sieht, kann auch erfahrenen und umsichtigen Offizieren ein Fehler unterlaufen. Da im Juni 1914 routinemäßig die Hälfte der Besatzung abgelöst werden soll, bekommt Leutnant zur See Fikentscher den Auftrag, mit den abzulösenden Besatzungsmitgliedern einen dreitägigen Ausflug in das Lauschan-Gebirge zu unternehmen. Die Teilnehmer verdanken dies noch der Bergungsprämie der Rickmers-Reederei. Durch den Dampfer *Patricia* werden 1500 Männer für das Kreuzergeschwader gebracht.

Besatzungsmitglieder der »Emden« bei einem Ausflug.

Der Dampfer »Patricia« des Norddeutschen Lloyd bringt die Ablösung für das Ost-Asien-Geschwader.

Während sich über Europa bereits die Wolken verdunkelten, feierten die Offiziere des Kreuzers *Emden* mit den Kameraden des englischen Flaggschiffs *Minotaur* noch einmal große Sportfeste und Bälle. Bisher durch gleiche Interessen in Asien freundschaftlich verbunden, sollte der Krieg in Europa sie bald zu unerbittlichen Gegnern machen.
Am 20. Juni 1914 verließ Admiral Graf Spee mit den Panzerkreuzern *Scharnhorst* und *Gneisenau* sowie dem Begleitdampfer *Titania* den Stützpunkt Tsingtau, um zu einer Südseereise nach Samoa aufzubrechen.
Karl von Müller, Kommandant der *Emden,* verblieb als ältester Seeoffizier in der ostasiatischen Station. Neun Tage später erreichte ihn die Meldung von der Ermordung des österreichisch-ungarischen Thronfolgers Erzherzog Franz Ferdinand in Sarajewo.
Von nun an überstürzten sich die Ereignisse: Das geplante Auslaufen nach Shanghai und Hankau wurde aufgeschoben. Der deutsche Admiralstab warnte die ostasiatische Station, daß bei kriegerischen Verwicklungen auch Großbritannien zu den Gegnern zählen könne. Von Müller ordnete daraufhin die Konzentration aller in asiatischen Gewässern befindlichen deutschen Kriegsschiffe in Tsingtau an. Der österreichisch-ungarische Kreuzer *Kaiserin Elisabeth* traf am 24. Juli 1914 in Tsingtau ein. Wenige Tage später erreichten das Torpedoboot *S90* und das Kanonenboot *Luchs* den Stützpunkt.
Um nicht von überlegenen Feindkräften im Hafen blockiert zu werden, verließ die *Emden* mit dem Begleitdampfer *Elsbeth* am 31. Juli Tsingtau und stieß zunächst in nördlicher Richtung in die Korea-Straße auf dem Dampferweg Shantung – Shanghai vor. Die Nachricht von der am 1. August 1914 erfolgten Mobilmachung in Deutschland erreichte den Kreuzer am darauffolgenden Tag. Krieg mit Rußland und Frankreich; Großbritannien stellte ein Ultimatum. Wie aber sollte für den Kleinen Kreuzer *Emden* dieser Krieg aussehen? Englische Kolonien und Stützpunkte umspannten den ganzen Erdball. Die Royal Navy war allgegenwärtig. Selbst in neutralen Häfen konnte britischer Einfluß die Versorgung deutscher Schiffe unmöglich machen. Das United Kingdom verfügte über das dichteste Kabelnetz der Welt und überall konnten britische, französische und japanische Kriegsschiffe lauern, von denen fast jeder einzelne Panzerkreuzer dem Kleinen Kreuzer kampftechnisch überlegen war. Der einzige Stützpunkt Deutschlands war das leicht zu blockierende Tsingtau, von Japan als Verbündetem Englands bereits begehrlich betrachtet. Treffend beurteilte Winston Churchill die Lage der deutschen Auslandsschiffe:

»Der Chef des deutschen Kreuzergeschwaders hatte keinen Mangel an Zielsetzung für seine Operationen. Er brauchte sich nur zu verbergen und schlagartig aufzutreten. Die ungeheure Größe des Pazifischen Ozeans und die Heerschar der Inseln boten ihm Schutz genug. Nachdem die Schiffe einmal in den Weiten des Ozeans verschwunden waren, wer konnte dann sagen, wann und wo sie wieder auftauchen würden? Natürlich waren die

Aktionen des deutschen Geschwaders durch zahlreiche Faktoren beschränkt, die eine zwar unbestimmte, aber dennoch sichere Begrenzung seines Überlebens bildeten. Nach der Blockade Tsingtaus waren die deutschen Einheiten von ihrem einzigen Stützpunkt in jenem Teil der Welt abgeschnitten. Sie besaßen hinfort keinerlei Möglichkeit zum Eindocken der Schiffe oder zur Durchführung größerer Reparaturen von Schäden, die infolge von Gefechten oder Abnutzung während der langen Kreuzfahrten etwa auftraten, und die Abnutzungserscheinungen an modernen Kriegsschiffen sind ja beträchtlich. Diese Schwierigkeiten vervielfachen sich mit jedem Monat nach einer Werftinspektion. Die Fahrten mit hoher oder forcierter Geschwindigkeit für längere Zeit auf der Suche nach Beute oder bei militärischen Operationen mußten die Lebensdauer dieser Einheiten schnell verkürzen. Die deutschen Schiffe waren wie Schnittblumen in einer Vase: Schön anzusehen, aber doch zu einem baldigen Tode verurteilt, wenn das nährende Wasser nicht ständig erneuert wird.
Darüber hinaus war die Kohlebeschaffung für die deutschen Einheiten mit außerordentlich großen Schwierigkeiten und Gefahren verbunden. Die umfangreiche Organisation der britischen Admiralität wachte in jedem Hafen genauestens über jede Tonne Kohle und jeden nur in Frage kommenden Kohlendampfer. Ankäufe von Kohle und Bewegungen von Kohlendampfern waren nur zu deutliche Hinweise, die die zahlreichen Verfolger auf die Spuren der einsamen deutschen Kreuzer hetzen würden. Sicherheit und Vermögen der deutschen Einheiten, uns Schwierigkeiten zu bereiten, hingen allein von der Ungewißheit über ihre Operationen und Bewegungen ab. Diese Ungewißheit aber konnte jeden Moment durch die Bewegungen eines Kohlendampfers oder das Auffangen eines einzigen Funkspruchs zunichte gemacht werden. Und wie konnten Kohlendampfer schließlich zu den notwendigen Treffpunkten befohlen werden, ohne daß Funksprüche abgesetzt wurden? Im Pazifik gab es nur fünf deutsche Funkstationen: Jap, Apia, Nauru, Rabaul und Angaur. Sie alle würden von uns bereits innerhalb von zwei Monaten nach Kriegsausbruch zerstört sein. Danach verblieben nur noch die Funkanlagen der deutschen Schiffe selbst, wobei es für das sendende Schiff äußerst gefährlich war, auch nur ein Wort in den Äther hinauszuschicken. So also war die Lage des deutschen Kreuzergeschwaders.«

In der Tat war die Kohleversorgung das größte Problem. Ein Kreuzer wie S.M.S. *Emden* hatte eine normale Bunkerkapazität von 790 Tonnen, bunkerte er knapp über 1000 Tonnen, litten darunter bereits das Leben an Bord und die Gefechtstüchtigkeit. Bei einer Geschwindigkeit von 12 Knoten, bei der die längste Seeausdauer und größte Fahrtstrecke erzielt werden konnte, betrug der Kohleverbrauch fast 2 Tonnen in der Stunde oder 48 Tonnen pro Tag, bei der Höchstgeschwindigkeit von 23 Seemeilen dagegen 15,7 Tonnen pro Stunde und 376 Tonnen am Tag. Die Seeausdauer lag bei ökonomischer Fahrt bei rund 20 Tagen und einer Strecke von 5700 Seemeilen, bei forcierter Höchstfahrt nur bei 2 Tagen und einer Strecke von 1200 Seemeilen.
Wie sollte ohne Stützpunkt der dringend benötigte Kohlevorrat ergänzt werden? Die einzige Möglichkeit in dieser Situation: durch gekaperte Schiffe, auf See, mühsam in Körben transportiert, und nicht immer ist die See spiegelglatt. Der bevorstehende Kaperkrieg bedeutete also nicht nur das Versenken gegnerischer Handelsschiffe, er war vielmehr notwendig geworden zur Selbstversorgung mit Kohle, Proviant und Material.

Kriegshandlungen und erste Prise

Nach fieberhaften letzten Vorbereitungen – unnötige Privatsachen mußten an Land geschafft werden – war die *Emden* am Abend des 31. Juli 1914 kampfbereit und machte von der Kohlenmole der Kaiserlichen Werft in Tsingtau los.
Zusammen mit dem Begleitdampfer *Elsbeth* ging es mit abgeblendeten Lichtern auf nördlichen Kurs. Am nächsten Tag steuerten die Schiffe mehr östlich, um bei der Insel Quelpart, abseits der Dampferwege, die weitere Entwicklung abzuwarten. Am Abend meldete der Funker den Befehl der Mobilmachung von Heer und Marine.
Man schrieb Sonntag, den 2. August 1914: Der Kommandant hielt Gottesdienst, der mit dem Niederländischen Dankgebet schloß, dann ertönte der Befehl: »Alle Mann achteraus«. Fregattenkapitän Karl von Müller verkündete der Besatzung den Mobilmachungsbefehl und erklärte seine Absicht, einen Vorstoß in Richtung Wladiwostok zu machen und Handelskrieg zu führen. Drei Hurras auf den Kaiser ertönten über das Chinesische Meer, dann rief der Befehl: »Klar Schiff zum Gefecht« alle Mann auf die Stationen. »Artillerie ist klar« – »Torpedowaffe klar« – »Maschinen und Hilfsmaschinen klar« – Leckdienst klar« – »Schiffsführung klar« – »Signal- und F. T.-Wesen klar«, so liefen die Meldungen beim I. O. Hellmuth von Mücke ein, der kurz darauf dem

S.M.S. »Emden« an dem Kohlepier der Tsingtau-Werft. In Körben tragen chinesische Kulis Kohlen in die Bunker.

Kommandanten melden konnte: »Schiff ist gefechtsklar!« Mit 15 Seemeilen Fahrt ging es nun in Richtung Tsushima-Straße.
Am 4. August 1914, der Wind briste stark auf und Regen behinderte die Sicht, ließ der Kommandant die *Emden* nach Süden zurückfallen, um auf klareres Wetter zu warten. Kurz nach 4 Uhr morgens ertönten erstmals die Alarmglokken. Ein Dampfer wurde gesichtet. Gegen Morgen erkannte man von der Brücke im schwarzen Rauch zwei gelbe Schornsteine. Er schien die *Emden* erkannt zu haben und versuchte, die japanische Hoheitsgrenze zu erreichen. Zwölf Warnschüsse waren erforderlich, um ihn aufzuhalten. Vom Fockmast des Kreuzers wehte das internationale Signal: »Stoppen Sie sofort – Nicht funken«. Eine Prisenbesatzung von 20 Mann unter Oberleutnant Lauterbach mit dem Bootsmann und einem Maschinisten pullten zu dem fremden Dampfer. Sie besetzten alle wichtigen Stationen und Funkgast Wille beendete den trotz der Warnung erfolgten Funkverkehr. Kurze Zeit später meldete Lauterbach den Namen des Schiffes. Es war der zur russischen freiwilligen Flotte gehörende Passagier- und Frachtdampfer *Rjäsan,* der sich mit 80 Passagieren auf der Fahrt von Nagasaki nach Wladiwostok befand. Das neue, bei Schichau gebaute und 3500 t große Schiff schien als Hilfskreuzer geeignet. Mit der stattlichen Geschwindigkeit von 17 Seemeilen und Unterbauten für eine Geschützarmierung sollte es den alten, ungeschützten Kreuzer *Cormoran* ersetzen. Der Kapitän schien zunächst mit der Kaperung seines Schiffes nicht einverstanden zu sein und legte Protest ein. Die freundliche, aber sehr bestimmte Haltung Oberleutnant Lauterbachs ließ seinen Widerstand bald verstummen. In der Folgezeit sollte sich Lauterbach noch als hervorragender Prisenoffizier erweisen. Im Zivilberuf Kapitän des an der ostasiatischen Küste fahrenden Postdampfers *Staatssekretär Kraetke* der Hamburg-Amerika Linie, war er mit allen Feinheiten der Handelsschifffahrt vertraut, kannte die Häfen und Dampferwege und wußte den Kapitänen der zu überprüfenden Schiffe die richtigen Papiere abzuverlangen. Seine freundliche und zuvorkommende Art, mit Besatzung und Passagieren der gekaperten Schiffe umzugehen, trug viel dazu bei, daß die *Emden* bei ihren Gegnern bald den anerkennenden Namen Gentleman of war erhielt.
Bei ruhiger See ging die Fahrt mit der ersten Prise problemlos vor sich, als der Signalgast gegen 17 Uhr die Rauchwolken von mindestens fünf Schiffen meldete. Der Kommandant befahl eine Wendung um acht Strich Backbord, um den Schiffen die schmale Seite zu zeigen. Sie sollten den Kreuzer nicht an seinen drei Schornsteinen erkennen (einen zu diesem Zeitpunkt geäußerten scherzhaften Vorschlag, einen vierten Schornstein zur Tarnung zu bauen, nahm die Schiffsführung mit Interesse entgegen). Wie richtig diese Maßnahme war, ließ ein aufgefangener Funkspruch des französischen Kriegsschiffes *Dupleix* an *Amazone,* einen Postdampfer der Messageries Maritimes, erkennen: »Deutsche Große Kreuzer *Scharnhorst* und *Gneisenau* halten Tsushima-Straße

Oberleutnant z. See der Reserve Julius Lauterbach, Prisen- und Wachoffizier auf der »Emden«. Ihm gelang die Flucht aus englischer Gefangenschaft. Mit dem legendären Graf Luckner ging er in den 20er und 30er Jahren auf Weltreise. Luckner widmete ihm das Buch »Mein Freund Juli-Bumm«.

besetzt, sofort nach Kobe zurückkehren.« Man war der französischen, ostasiatischen Flotte begegnet, die die *Emden* und die *Rjäsan* für die *Scharnhorst* und die *Gneisenau* hielten und deshalb nicht angegriffen hatten.
Am 5. August, die wachfreien Offiziere genossen einen beschaulichen Abend auf dem Achterdeck, kam der Adjutant Leutnant von Guérard mit der Nachricht, daß England in den Krieg eingetreten war. Die Lage wurde damit fast aussichtslos. Wie konnte sich der Kleine Kreuzer mit der erfahrensten Seemacht messen? Von den wichtigsten fremden und nunmehr feindlichen Seestreitkräften im westlichen Pazifik waren im August 1914 dem Kommandanten folgende bekannt:
Von der Royal Navy der Schlachtkreuzer *Australia,* das Linienschiff *Triumph,* die Panzerkreuzer *Minotaur* und *Hampshire,* die Kleinen Kreuzer *Yarmouth, Melbourne, Sydney, Encounter, Pioneer, Philomel, Pyramus* und *Psyche,* die Hilfskreuzer *Empress of Asia, Empress of Russia* und *Himalaya,* die Kanonenboote *Cadmus, Vernon* und *Clio* sowie einige Zerstörer.
Der japanische Panzerkreuzer *Ibuki,* der Kleine Kreuzer *Chikuma* sowie die französischen Panzerkreuzer *Montcalm* und *Dupleix,* die Kanonenboote *Kersaint, Zelee* und Zerstörer, ferner der russische Panzerkreuzer *Askold* und der Kleine Kreuzer *Schemtschug.* In den japanischen Häfen aber nahm die dort liegende Flotte eine zunehmend bedrohlichere Haltung an.
»Viel Feind, viel Ehr« heißt ein altes Sprichwort, aber auch »Viele Jäger sind des Hasen Tod« lautet eine alte Volksweisheit. Sie sollte sich letztlich bewahrheiten.

Selbst auf bunten Postkarten kam der Gedanke kolonialer Überheblichkeit zum Ausdruck.

Es gab aber auch kritische Stimmen, wie diese Karikatur des Simplicissimus zeigt.

Die zeitgenössische Postkarte macht die Haltung Japans zum Flottenstützpunkt Kiautschou deutlich.

Bild rechts: Erinnerung an die Linientaufe des I. O. Kapitänleutnant Hans Bess am 7. Juli 1913.

Deutsche Kirche und wilhelminische Wohnhäuser prägen noch heute das Zentrum von Tsingtau.

Taufschein.

Wir Neptun, Alleinherrscher aller Meere und Stifter des hohen Ordens vom goldenen Dreizack, tun hiermit kund und zu wissen, daß Wir nach den uralten Satzungen, wie sie geschrieben stehen im Buch der Seefahrer Kap. 88, Vers 2-3, an dem Kapt. Ltn. Hans Heß geb. am 1. August 1877. zu Marburg a. L. auf 139° 51' östl. Länge die Linientaufe vorgenommen haben und befehlen Wir allen Uns unterworfenen Meeresgottheiten, den Obengenannten zu jeder Zeit unbehindert die Linie passieren zu lassen.

So geschehen an Bord S.M.S. „Emden"

Stiller Ozean, den 7. Juli 1913

auf der Reise nach Neu-Guinea.

Aktuar Pfarrer

Tintenfisch Seeräuber

Bild rechts oben: Die »Emden« auf der Jagd. Gemälde von Ed. Krause-Wichmann.

Rechts unten: Die »Emden« vernichtet in Penang den russischen Kreuzer »Schemtschug«. Gemälde von Willy Stöwer.

Beschießung von Madras, Britisch Ostindien, durch S.M. Kreuzer »Emden«. Ansichtskarte nach einem Original von Willy Stöwer.

DIE EMDEN AUF DER JAGD

Willy Stöwer

Der Kreuzer »Emden« jagt im Indischen Ozean. September/Oktober 1914.

Oben: Der letzte Gruß. Abschied des Kapitänleutnants Hellmuth von Mücke und der »Emden«-Mannschaft von S.M.S. »Ayesha« am 16. Dezember 1914. Nach dem Gemälde von Prof. Hans Bohrdt.

Bild unten links: Die »Ayesha« im Indischen Ozean nach dem Treffen mit der »Choising«. Alle drei Bilder schuf der Marinemaler Willy Stöwer für das Buch: Die Deutsche Flotte in großer Zeit, das er 1926 unter Mitarbeit von Admiral Scheer herausgab.

Rechts: Landung in Hodeida. Nach einem Original von U. Roloff.

Der Kampf in der Wüste. Nach einem Original von U. Roloff.

Einzug in Damaskus. Nach einem Original von U. Roloff.

Der britische Panzerkreuzer H.M.S. »Minotaur«.

Trotz der britischen Kriegserklärung blieb von Müller bei seinem Entschluß, die *Rjäsan* nach Tsingtau einzubringen, was am Morgen des 6. August 1914 gelang. In der Kaiserlichen Werft erfolgte nun die Umrüstung. Die acht 10,5-cm-Geschütze und Scheinwerfer wurden von dem Kanonenboot *Cormoran,* einem Veteran der australischen Station, abmontiert. Schon am 10. August verließ die neue *Cormoran,* (ex *Rjäsan*) Tsingtau und stieß am 27. August zum Kreuzergeschwader in der Südsee.
Das Kohlenlager Tsingtaus hatte bereits mächtig abgenommen. Allerdings lagen vollbeladene deutsche Frachter an den Piers, um den Nachschub an Kohle zu gewährleisten. Auch S.M.S. *Emden* begann mit dem Kohlenbunkern. Der Bottelier mußte Proviant übernehmen und auch die letzten Luxusgegenstände kamen von Bord: Möbel und Liegestühle, selbst Holzverkleidungen mußten wegen der Brandgefahr entfernt werden. Neben 25 Mann, die von anderen Schiffen an Bord kommandiert wurden, kamen noch Kapitänleutnant Metzenthien und Assistenzarzt Dr. Schwabe dazu. Letzterer befand sich auf einer Urlaubsreise mit dem Dampfer *Frisia* und meldete sich freiwillig zum Dienst.
Das Kohlentrimmen wurde immer beschwerlicher. Viele chinesische Hafenarbeiter setzten sich in das Hinterland ab. Mit einem Trick gelang es, einige Ausreißer einzufangen. Aus Sicherheitsgründen hatte man Männer und

Das Kanonenboot S.M.S. »Cormoran«.

Frauen getrennt in die Wagen der Shantungbahn einsteigen lassen. Die Männer stiegen in die hinteren Waggons, die nach Verlassen des Bahnhofes abgekoppelt und mit einer zweiten Lok umrangiert wurden. Wenig Begeisterung lag auf ihren Gesichtern, als sie sich wieder im Werftgelände Tsingtaus befanden.

Der S.M. Hilfskreuzer »Cormoran«, ex »Rjäsan«.

Der Hapag-Frachter »Markomannia«, Begleitschiff von S.M.S. »Emden«.

S.M.S. *Emden* war für die nächste Zeit der Hapag-Frachter *Markomannia* unter Kapitän Faass und dem I. O. Bahl zugewiesen worden. Bis zum 12. Oktober 1914 sollte er als Versorger dienen. An der Westküste Sumatras ereilte auch dieses Schiff sein Schicksal. Bei der Annäherung des leichten Kreuzers *Yarmouth* mußte es von der eigenen Besatzung versenkt werden. Es war ein herzlicher Abschied, als am Abend des 6. August der »Schwan des Ostens« den Tsingtauer Hafen verließ. Die Besatzungen der *Kaiserin Elisabeth* und der *Cormoran* brachten ein dreifaches Abschiedshurra aus, und der Gouverneur von Tsingtau, Kapitän zur See Meyer-Waldeck, passierte mit seiner Motorbarkasse. Gemeinsam mit dem zum Hilfskreuzer ausgerüsteten Passagierdampfer *Prinz Eitel Friedrich* und dem Versorger *Markomannia* wurde das Ziel Pagan/Marianen angesteuert. Dort sollte sich *Emden* mit dem deutschen Kreuzergeschwader treffen. In der Nacht wurden Tarnmaßnahmen getroffen. Die *Markomannia* wählte die Verkleidung eines Blue Funnel Liners, *Prinz Eitel Friedrich* wurde zum standesgemäßen P & O-Liner. Auf der *Emden* versah man alle aufschwimmenden Gegenstände, Rettungsboote und Bojen mit dem Namen *Nagato Maru*. Im Falle einer Versenkung sollte der Gegner über die wahre Identität des Schiffes getäuscht werden. Am 12. August erreichte man Pagan. Der Geschwader-Begleitdampfer *Titania* kam ihnen entgegen und geleitete sie in die schützende Bucht. Dort ankerte bereits das gesamte Kreuzergeschwader mit seinen Versorgungsschiffen. Lauterbach freute sich, darunter seinen alten Dampfer *Staatssekretär Kraetke* wiederzuse-

hen, der neben der *Gouverneur Jäschke* lag. Als er S.M.S. *Scharnhorst,* S.M.S. *Gneisenau* und S.M.S. *Nürnberg* erkannte, mußte Lauterbach unwillkürlich an die Überlegenheit der alliierten Seestreitkräfte denken.
Am nächsten Morgen begann auf S.M.S. *Emden* eine jener Kohlenschlachten, die sich noch häufig wiederholen sollten. In glühender Hitze mußten 450 Tonnen Kohle von den Versorgungsschiffen übernommen werden. Mit unvollkommener Ausrüstung ein mühsames Geschäft. Auf dem Flaggschiff *Scharnhorst* hielt Graf Spee eine Stabs- und Kommandantensitzung ab. Von Müller erläuterte seinen Plan, mit wenigstens einem Kleinen Kreuzer im Indischen Ozean die Handelswege des Feindes zu stören. Er begründete seine Vorstellungen damit, englische Streitkräfte zu binden und die Handelsschifffahrtsstraßen so zu verunsichern, daß auch der britische Nachschub ins Stocken geraten würde. Admiral Graf Spee versprach ihm, über diesen Vorschlag nachzudenken.
Als in der Nacht noch die Meldung zur Kriegserklärung Japans erfolgte, stand fest, daß sich das deutsche Geschwader hier nicht länger aufhalten konnte. Am Nachmittag erhielt Fregattenkapitän von Müller durch ein Boot der *Scharnhorst* folgenden Befehl übermittelt:

Nr. 151 Pagan, 13. August 1914
Sie erhalten hiermit den Dampfer *Markomannia* zugewiesen und werden detachiert mit dem Auftrage, in den Indischen Ozean vorzustoßen und nach besten Kräften Kreuzerkrieg zu führen. Telegrammverkehr mit den Südetappen aus den letzten Wochen ist in Abschrift beigefügt; auf die darin bestellten oder in Aussicht gestellten Kohlenmengen wird zu Ihren Gunsten verzichtet. Heute Nacht werden Sie noch beim Verbande bleiben, dieser Befehl wird morgen früh durch Signal detachiert in Kraft gesetzt. Ich beabsichtige, mit dem übrigen Verbande nach Westamerika zu gehen.

gez. Graf Spee

Am 14. August 1914 dampfte das Geschwader mit Kurs nach Osten. Gegen 7 Uhr wehte vom Flaggschiff das Signal »Detachiert. Wünsche guten Erfolg«. S.M.S. *Emden* und die *Markomannia* waren auf sich allein gestellt.

Der Kaperkrieg

Zunächst steuerte der Kleine Kreuzer Südkurs, Ziel war die Insel Angaur im Palau-Archipel. Am 19. August war sie erreicht. Vom Leiter der Phosphat-Gesellschaft und anderen deutschen Einwohnern wurden Schiff und Besatzung herzlich begrüßt. Nach dem obligatorischen »Kohlenfest« kamen zwei gelbe Schornsteine in Sicht. Es war der Reichspostdampfer *Princess Alice* des Norddeutschen Lloyd. Er hatte neue Informationen und internationale Zeitungen dabei. Die Mannschaft der *Emden* konnte noch durch einige Reservisten ergänzt werden. Bei der Auffüllung des Proviantes war man wenig freigiebig, so daß die Männer des Kreuzers sich über die N.D.L.-Bürokraten ärgerten. Sie dachten, alles so regeln zu können wie im Frieden. *Princess Alice* bekam Befehl, der *Markomannia* zu folgen, war aber nach einer Kursschwenkung plötzlich verschwunden. Später funkte der Kapitän, daß er knapp an Kohle sei und die Kessel überholungsbedürftig wären. Von Müller blieb keine andere Entscheidung, als das für notwendig erachtete Versorgungsschiff zu entlassen. An den Maßnahmen des *Princess Alice*-Kapitäns wurde später von der Marine scharfe Kritik geübt. War aber sein Verhalten wirklich so verdammenswert? Krieg und Patriotismus war eine Sache, Verträge und Pflichten der Reederei gegenüber eine andere. Hatte er nicht die Aufgabe, alles zu tun, um das Schiff und die Ladung sicher nach Hause oder in einen neutralen Hafen zu bringen? Diese schweren Entscheidungen mußte jeder Kapitän allein treffen.

Auf der Achterback neben dem Flügel der Reserveschraube lagen die Stallungen der »Emden«.

Am 22. August 1914 bog der Kreuzer in die Molukkenstraße ein und passierte am Abend den Äquator. Diesmal freilich ohne die sonst übliche Linientaufe. Zwei Tage später war wieder Zeit des Kohlennehmens. Pro Tag verbrannte man die Menge von fünf Eisenbahnwaggons. Die Ostspitze der Insel Timor war erreicht. Die Dampfpinasse fuhr zur Insel, um Frischfutter für das lebende Vieh zu holen. Sechs Ochsen, zwei Schweine und einige Hammel fuhren zur Ergänzung des Proviants auf der *Markomannia* mit. Auch die *Emden* verfügte an Bord über eine stattliche Menagerie.
Am 27. August 1914 wurde die Insel Tama Djampeja in der Flores-See angesteuert. Dort erwartete man den Kohlendampfer *Offenbach*. Doch es sollte anders kommen. In der Bucht empfing sie das holländische Linienschiff *Tromp*. Der Kommandant dieses Schiffes wachte genau über die Einhaltung der Neutralitätsregeln und hatte die *Offenbach* vor die Dreimeilengrenze geschickt. Holland erlaube allen kriegführenden Mächten nur einmal innerhalb dreier Monate ein 24stündiges Kohlenbunkern in holländischen Gewässern. Die Versorgungslage wurde prekär, da der begrenzte Vorrat der *Markomannia* wieder herhalten mußte.
Ende August dampfte der Kreuzer an der Küste der Insel Sumatra entlang. Dem zunächst scherzhaft gemeinten Vorschlag folgend, hatte die Besatzung aus Holzlatten und Segeltuch einen vierten Schornstein errichtet. Er sollte von weitem den Gegner täuschen und der *Emden* das Aussehen des englischen Kreuzers *Yarmouth* geben. Eine Kriegslist, die sich bewähren würde.
Nach erneuter Kohlenaufnahme in Langini Hafen steuerte S.M.S. *Emden* am 9. September 1914 den Dampferweg Colombo-Kalkutta an.
Gegen 23.00 Uhr kam ein weißes Licht in Sicht. Es war ein Handelsdampfer mit einem Schornstein. Der Befehl zum Stoppen wurde sofort ausgeführt und das Prisenkommando setzte über. Es handelte sich um den griechischen Dampfer *Pontoporos,* der als Kohlenschiff für die englische Regierung fuhr. Der Kapitän ging bereitwillig auf den Vorschlag ein, von nun an als Versorger der *Emden* zu fahren.
Am 10. September 1914 kam wieder eine Rauchwolke in Sicht. Beim Näherkommen erschien ein Dampfer mit merkwürdigen weißen Aufbauten und Funkantennen. War es ein Hilfskreuzer? Das Buggeschütz feuerte einen blinden Schuß und der Dampfer stoppte sofort. Die Schiffspapiere zeigten, daß es sich um den 1904 gebauten und 3413 Tonnen großen britischen Dampfer *Indus* handelte. Man hatte ihn bereits völlig zum Truppentransport umgerüstet. Die weißen Aufbauten entpuppten sich als Pferdeställe. Der Kommandant der *Emden* beschloß zunächst, brauchbares Material und Proviant zu übernehmen. Es gab nämlich bereits Engpässe. Schmerzlich wurde besonders nach der Kohlenschlacht der Mangel an Seife bemerkbar, was den I. O. veranlaßte, den Kommandanten zu bitten, demnächst mal einen Seifentransporter zu kapern. Hier gab es nun alles im Überfluß, so daß in den nächsten Stunden das Deck der

Emden wie ein Jahrmarkt aussah. Die *Indus* sollte versenkt werden. Nach dem Öffnen der Seeventile wurden sechs Granaten abgefeuert, trotzdem dauerte es über eine Stunde, bis der Dampfer sank. Gespannt verfolgten die Besatzungen beider Schiffe den Untergang der *Indus*. Keinem der Männer war wohl dabei. Welcher Seemann sieht es schon gern, wenn ein Schiff stirbt. Aber es war Krieg und der Gegner machte es auch nicht anders. Trotzdem war die Stimmung bedrückend, als dem Kapitän der *Indus* Tränen in die Augen traten. Kurz darauf, bei einem Glas Whisky, empfahl er jedoch die Kaperung des Lotsendampfers mit dem Kalkutta-Lotsen. Dieser sei nämlich kein Seemann, sondern eine aufgeblasene Landratte, dem er ein solches Erlebnis von Herzen gönne.

Am 11. September 1914 lief der britische Dampfer *Lovat* in die Falle und wurde ebenfalls versenkt. Die Mannschaft erhielt genügend Zeit, ihr persönliches Eigentum in die Boote zu schaffen, bevor man sie auf die *Markomannia* brachte. Mit aufmunternden Worten schloß der *Indus*-Kapitän seinen Leidensgenossen in die Arme.

Am nächsten Tag kamen auf dem Dampferweg nach Kalkutta wieder Lichter in Sicht. Diesmal handelte es sich um den britischen Dampfer *Kabinga* mit wertvoller Stückgutladung, die jedoch zu großen Teilen amerikanischen Eigentümern gehörte. Die genaue Untersuchung hätte zuviel Zeit in Anspruch genommen und amerikanische Reklamationen wollte von Müller unbedingt vermeiden. Aus diesem Grund entging der Dampfer seinem Schicksal, sollte aber den Transport der Besatzungen von *Indus* und *Lovat* übernehmen. Noch ehe die Boote übersetzen konnten, kamen die Rauchwolken eines weiteren Dampfers in Sicht.

Das britische Schiff *Killin* war mit 6000 Tonnen Kohle auf dem Weg von Kalkutta nach Bombay. Nun wurde es Zeit, diese Gegend zu verlassen. *Killin* bekam den Befehl, sich den anderen Dampfern anzuschließen. Mit dem stattlichen Geschwader von vier Schiffen setzte der Kreuzer seinen Weg fort. Starke Regenböen in der Nacht und abgeblendete Lichter erschwerten die Fahrt im Verband. Da die *Killin* nur eine geringe Geschwindigkeit erreichte, war sie als Versorgungsdampfer nicht zu gebrauchen. Mitsamt ihrer Kohlenladung wurde sie am nächsten Tag versenkt.

Oberleutnant Lauterbach hatte es sich nach den Anstrengungen der letzten Tage gerade in seiner Koje gemütlich gemacht, als ihm die Nachricht von einer neuen Prise überbracht wurde. Es war ein Prachtdampfer, der erst 1912 gebaute und mit 7615 BRT. vermessene britische Frachter *Diplomat* der Reederei Charente SS. Co. Ltd. Er sollte 10000 Tonnen Tee von Kalkutta zum englischen Mutterland bringen. Noch während der Torpedooffizier Sprengpatronen anbringen ließ und die Besatzung mit ihrer Habe auf *Kabinga* überwechselte, hatte die *Emden* bereits ein neues Opfer entdeckt. Kaum war die Prisenmannschaft wieder an Bord, verrichteten die Sprengpatronen ihr vernichtendes

Werk. Der Kreuzer aber lief mit Volldampf einer sich nähernden Rauchwolke entgegen. Dieses Mal war es ein Schiff mit dem Namen *Loredano,* ein neutraler Dampfer, der seinen Weg unbehelligt fortsetzen konnte.
Der Verband steuerte nun den Dampferweg Madras-Kalkutta an. Am 14. September 1914 war er erreicht. Der Kommandant entschloß sich, mit der Umschiffung der vielen gefangenen Seeleute auf *Kabinga* zu beginnen, die anschließend entlassen werden sollte. Noch während die Kuttergäste bei der Arbeit waren, zeigte sich erneut ein Dampfer am Horizont. *Trabboch* war der Name des 4028 BRT großen Frachtschiffes mit englischem Heimathafen.
Bei seiner Sprengung gab es eine mächtige Kohlenstaubexplosion, die eine weithin sichtbare Stichflamme auslöste. Ein Umstand, der natürlich auf alle Fälle vermieden werden sollte. *Kabinga* verließ nun mit einigen hundert Gefangenen den Verband und steuerte Kalkutta an. Dort angekommen, berichteten viele der gefangenen Seeleute wahre Wunderdinge über die freundliche und faire Behandlung durch die *Emden*-Besatzung. Zeitungen bemächtigten sich dieser Geschichten und sprachen trotz der angerichteten Schäden voller Bewunderung von dem ritterlichen Schiff und dem »fair sportsman«, wie sie den Kommandanten nannten.

Auf zeitgenössischen Postkarten stellten Marinemaler die Heldentaten des Kleinen Kreuzers dar.

Dieser war jedoch bereits wieder aktiv. Eine Dampferlaterne in östlicher Richtung erwies sich als neue Beute, die sich zunächst allerdings etwas widerspenstig verhielt. Aufgeschreckt durch die weithin sichtbare Explosion der *Trabboch*, versuchte der Dampfer zunächst sein Heil in der Flucht. Mehrere blinde Schüsse bewirkten nichts. Erst ein scharfer Schuß vor den Bug ließ ihn stoppen. Es war der Frachter *Clan Matheson* (4775 BRT.) mit wertvoller Stückgutladung an Bord. Auf die über Megaphon gestellte Frage, ob es sich um ein englisches Schiff handele, ließ der schottische Kapitän fast gekränkt antworten: »no, british«! Auch dieser Dampfer mußte mitsamt der Ladung gleich versenkt werden. S.M.S. *Emden* steuerte nun mit östlichem Kurs weiter. Nachts konnten Funksprüche der entlassenen Dampfer *Loredano* und *Kabinga* aufgefangen werden, die die Kalkutta-Station über die Erfolge des deutschen Kreuzers informierten. Die Funkstation Kalkutta verbreitete die Berichte weiter und schloß mit der Warnung an alle Schiffe: »Look out for the *Emden*!«

Am 16. September 1914 war es wieder mal Zeit, die Kohlenbunker aufzufüllen. Die See meinte es gut mit der Mannschaft und lag glatt wie ein Spiegel zwischen der *Emden* und der *Pontoporos*.
Es brauchte trotzdem vom frühen Morgen bis gegen 23.00 Uhr, dann waren 440 Tonnen Kohle übernommen.

Am 18. September 1914 stand der Kreuzer dicht vor Rangun, in der Hoffnung, vor der Hauptstadt Burmas einige Dampfer abzufangen. Man war jedoch inzwischen gewarnt und nur wenige Schiffe trauten sich aus den sicheren Häfen. Eine in der Ferne gesichtete Rauchwolke hielt direkten Kurs auf die *Emden* und erwies sich als ein neutraler norwegischer Frachter. Der freundliche Kapitän der *Dovre* wußte einige Neuigkeiten zu berichten und erklärte sich gern bereit, die Gefangenen der *Clan Matheson* kostenlos nach Rangun zu bringen. Für den Kleinen Kreuzer wurde die Gegend nun zunehmend gefährlicher. Wiederholt hatte man im Funk das Zeichen QMD aufgefangen. Es war der Funkname des alten *Emden*-Freundes *Hampshire*, der nun zu ihrem Jäger geworden war.

Die Öltanks von Madras

Während die Männer der *Emden* am 19. September 1914 wieder einmal von ihrem Begleitdampfer *Markomannia* die Kohlenbunker füllten, ahnten sie bereits, daß diesmal etwas Besonderes in der Luft lag. Der Kreuzer steuerte am nächsten Tag den Südprepariskanal an und richtete danach den Kurs auf Madras. Höchste Vorsicht war geboten, denn im Funk waren deutlich die Signale der *Hampshire* aufzunehmen. Von Müller plante nach den zurückliegenden Kaperfahrten eine erste rein militärische Aktion gegen eine Stadt. Sie sollte unter der einheimischen Bevölkerung Angst erzeugen und das Vertrauen in die Royal Navy erschüttern. Auch bei dieser Aktion sollten Menschenleben geschont werden. Dazu boten sich die etwas außerhalb der Stadt gelegenen Öltanks von Madras an. Sollte es tatsächlich möglich sein, mit einem deutschen Kreuzer mitten in einen indischen Hafen zu fahren?
Am 22. September 1914 war es soweit. Der Angriff war für den Abend vorgesehen. Angesichts möglicher Verwundungen wurde der Mannschaft ein Frischwasserbad und das Anlegen reiner Kleidung befohlen.
Nach letzten Vorbereitungen an den Geschützen hatte der Kommandant das Begleitschiff *Markomannia* zu einem südlich gelegenen Treffpunkt entlassen. Ein klarer Sternenhimmel lag über der See, als von Ferne Madras in Sicht kam. Welch ein Anblick. Anscheinend fühlte man sich hier völlig sicher. Die Stadt war ein einziges Lichtermeer, die Ansteuerung des Hafens deshalb kein Problem.

Um 21.45 Uhr stand die *Emden* mit abgeblendeten Lichtern genau vor der Stadt, etwa 3000 m vom Land ab. Die Öltanks wurden angesteuert. Dann kam der Befehl: »Scheinwerfer leuchten, Feuer eröffnen!«
Der Kreuzer feuerte mit der Steuerbordbatterie. Kurz darauf saß der erste Treffer in den Tankbehältern und entzündete das auslaufende Öl zu einer riesigen Feuerwand. Nach kurzer Zeit begann nun die englische Küstenbatterie, das Feuer zu erwidern, konnte jedoch keinen Treffer verzeichnen. Mit aufgeblendeten Lichtern verließ die *Emden* den Hafen von Madras mit nördlichem Kurs, um ihn dann, mit abgeblendeten Lichtern, nach Süden zu verlegen. Der Erfolg dieser Aktion konnte sich sehen lassen. Unter der einheimischen Bevölkerung war der Name dieses Geisterschiffes bald in aller Munde. Noch heute bezeichnet in der tamilischen Landessprache das Wort »emden« einen listigen, klugen Mann.
Zunächst einmal war der indische Subkontinent in heller Aufregung. Die Zeitung »Calcutta Capital« bemerkt in ihrer Ausgabe vom 29. Oktober 1914:

»Ein Bericht aus Bombay: Die durch den Beutezug der *Emden* verursachte Wirkung war geradezu niederdrückend. Die wildesten Gerüchte durchliefen in Windeseile die Basare: Die unmittelbar bevorstehende Beschießung der Stadt durch ein starkes deutsches Flottengeschwader sei zu erwarten. Auch wenn man weder Hetzer ist noch die Regierung in Verlegenheit bringen wolle, sei es unehrlich, die Wahrheit zu verheimlichen, daß der Kapererfolg der *Emden* und die deutsche Tapferkeit einen tiefen Eindruck auf das Gemüt der Bevölkerung gemacht haben. Diesen Eindruck zu verwischen, dürfte nicht leicht fallen. Im Zusammenhang damit ist es auch wichtig, daß die Händler in den Basaren ohnehin darüber unzufrieden sind, weil sie keine billigen deutschen und österreichischen Waren mehr einführen können. Deutsche Eisen-, Kurz-, Posamentier- und Schnittwaren hätten sich überall gut verkauft. Die Sperrung der Zufuhr dieser Artikel füllt Chuckla, Abdul Rahman Street und Shaik Memon Street mit zahlreichen Othellos, die Unheil brüten. Diese Kreise stürzen nicht in tiefe Trauer ob britischer Niederlagen oder ob der Vernichtung des britischen Handels. Die Geschichten, die man sich in den Basarstraßen über die Heldentaten der *Emden* erzählt, sind wenig schmeichelhaft für britische Ohren. Was nutzt es, den Nichterfolg deutscher Kriegspläne mühselig auseinander zu setzen, wenn die erfolgreiche Geschicklichkeit eines Kleinen Kreuzers, die Schiffahrt ungestraft zu überfallen, der Bevölkerung den direkten Beweis für große deutsche Waffentaten liefert . . . Auch unter den Europäern hier im Lande ist die Erbitterung wegen der fortbestehenden Freiheit der *Emden* nicht zu leugnen. Die Wut hat einen guten Grund: Alle mit den Europäern in Verkehr kommenden Einheimischen haben die überspanntesten Ideen von Deutschlands Größe, und die Versicherung der britischen Sahibs, daß Großbritannien und seine Alliierten langsam dem Siege zusteuern, finden bei den Eingeborenen eine in allem zweifelnde Aufnahme.«

Die Öltanks von Madras nach ihrer Beschießung.

Der Kaperkrieg geht weiter

Am 22. September 1914 trifft S.M.S. *Emden* wieder mit ihrem Versorger *Markomannia* zusammen. Es war beabsichtigt, die Küste Ceylons in angemessenem Abstand zu umfahren. Drei Tage später, auf dem Dampferweg nach Colombo, meldete der Ausguck das Herannahen einer Rauchwolke. Der leere englische Frachter *King Lud,* (3650 BRT) stoppte sofort. Die Mannschaft setzte auf *Markomannia* über, dann verschwand das Schiff in den Fluten. Kurz darauf erschien der englische Dampfer *Tymeric* mit 4000 t Zucker beladen. Auch ihn ereilte das gleiche Schicksal. Begrüßt wurden die neuesten Zeitungen, die er an Bord hatte. Interessant, zu lesen, wie die englische und indische Presse die letzten Geschehnisse bewerteten. Heiterkeit erregte das Inserat einer Seifenfirma, deren Produkte auf der *Indus* gekapert worden waren. Die Firma warb mit dem Slogan, daß ihre Seife auf S.M.S. *Emden* Verwendung finde.

Die »Emden« im Indischen Ozean.

Mit Kurs auf Minikoi setzte der Kreuzer seine Route fort. Doch kaum hatte man Fahrt aufgenommen, war das nächste Schiff in Sicht. Der englische Dampfer *Gryfevale* (4437 BRT), auf der Fahrt von Aden nach Colombo. Er lief ohne Fracht und war deshalb zum Transport der Gefangenen geeignet. Für die Kapitäne ein erfreulicher Umstand, da sie auf diese Weise ihre Schiffe behalten konnten.

Gegen 02.30 Uhr bemerkte man schon wieder die Hecklaterne eines Dampfers. Er sollte die beste Prise der *Emden* werden. Die *Buresk,* direkt aus England kommend, hatte 6600 Tonnen bester Cardiff-Kohle geladen. Damit war der Brennstoffvorrat auf lange Zeit gesichert. Der Konvoi geriet nun immer stattlicher. Die nächste Rauchwolke erwies sich als der Dampfer *Ribera,* dessen Proviant zur Versorgung der Gefangenen diente, bevor er seinen Vorgängern folgte. Nun wurde es aber höchste Zeit, sich aus dieser Gegend davonzumachen. Einige Dampfer mußten in Colombo bereits schmerzlich vermißt werden. Der Kommandant beschloß deshalb zunächst einmal, den Kaperkrieg einzustellen.

Pech für den Dampfer *Foyle,* der geradewegs auf die *Emden* zulief. Den konnte man sich schlecht entgehen lassen. Am Abend entließ man die *Gryfevale* mit allen Gefangenen nach Colombo. Als das Schiff abdrehte, brachten die Seeleute neun laut schallende Hurras aus. Drei für den Kommandanten, drei für die Offiziere und drei für die Besatzung der *Emden.*

Am 29. September 1914 kamen die Malediven in Sicht. Zum letzten Mal nahm man Kohlen aus der *Markomannia.* Sie sollte entlassen und durch die *Buresk* ersetzt werden. Es wurde ein herzlicher Abschied von Kapitän Faass und seinen Männern, dann geriet der treue Begleiter außer Sicht. Ein Wiedersehen sollte es nicht mehr geben, auch die *Markomannia* ereilte ihr Schicksal.

Neuer Kurs war der Tschagos Archipel. Hier konnte die Besatzung etwas Ruhe finden. Es waren auch dringende Instandsetzungsarbeiten erforderlich, die in Diego Garcia, dem Hafen des Archipels, erfolgen sollten.

Komödie auf hoher See

»Eine Komödie auf hoher See«, so nannte eine große englische Zeitung den Besuch des deutschen Kreuzers auf Tschagos.
Der Hafen von Diego Garcia bot der *Emden* und der *Buresk* am 9. Oktober 1914 einen ruhigen und sicheren Liegeplatz. Vorgelagerte Korallenbänke gewährten Schutz gegen die See und ein herrlicher Palmenstrand strahlte Ruhe und Frieden aus. Durch das Fluten einiger Zellen erhielt der Kreuzer kräftige Schlagseite. Die Reinigung des Unterwasserschiffes konnte beginnen. Nach kurzer Zeit kam der französisch sprechende Unterdirektor der Ölgesellschaft an Bord und ließ sich gern auf einige Gläser Whisky-Soda einladen. Kurz darauf folgte sein Chef, der zugleich Regierungsvertreter des britischen Archipels war. Zunächst hatte man die *Emden* für ein englisches Schiff gehalten, das Bild von Kaiser Wilhelm II. in der Offiziersmesse verriet aber die deutsche Herkunft. Da Tschagos nur alle drei Monate von einem Segelschiff mit Post versorgt wurde, hatte man hier vom Ausbruch des Weltkrieges noch nichts vernommen. Karl von Müller sah auch keinen Grund, die freundlichen Leute über die neuesten Geschehnisse aufzuklären. Das ungepflegte Aussehen des Kreuzers erklärte der Kommandant mit einer Weltreise, auf der man sich befinde. Aus diesem Grund wisse man selbst nur wenig Neuigkeiten, einzig, daß der Papst gestorben sei, habe man vernommen. Ein Umstand, der sehr bedauert wurde. So tauschte man Geschenke aus, Maschinistenmaat Kluge reparierte das defekte Motorboot des Regierungsvertreters, der sich mit frischen Früchten, Fischen und einem Schwein bedankte. Die Arbeiten schritten zügig voran, nach Überholung und Kohlenübernahme lichtete S.M.S. *Emden* am 10. Oktober 1914 den Anker und verließ den beschaulichen Ruheplatz.

Nach vielen Wochen war die »Emden«-Crew froh, auf Tschagos wieder Land unter den Füßen zu haben.

Letzte Prisen

Am 10. Oktober 1914 fängt der Funker der *Emden* die Anfrage eines Dampfers an die Funkstation Colombo auf. Dieser wollte wissen, wie sicher der Dampferweg Aden-Colombo sei. Die Antwort: »Sehr sicher!« sollte jedoch nicht mehr lange den Tatsachen entsprechen. Zunächst aber blieb das Jagdglück aus. Größeres Glück hatte S.M.S. *Emden* aber wieder einmal mit seinem ständigen Verfolger *Hampshire.* Erneut war er dicht auf den Fersen des Kaperschiffes.
Kurz nach Verlassen von Diego Garcia ist er dort erschienen. Wenig glücklich wirkte der Regierungsvertreter, als er erfahren mußte, wen er da so freundlich bewirtet hatte.

Am 15. Oktober 1914 war der Kreuzer wieder einem Dampfer auf der Spur. Nördlich der Malediven konnte er gestoppt werden. Die 1902 gebaute *Clan Grant* bekam zunächst Befehl, der *Emden* zu folgen. Am nächsten Tag sollte in Ruhe Proviant übernommen werden. Da zeigte sich mit einer Rauchwolke an der Kimm die wohl kurioseste Beute dieses Krieges. Beim Näherkommen erkannte man die eigentümlichen Konturen eines Schwimmbaggers. Was will so ein Gefährt mitten im Indischen Ozean? Der Kasten schlingerte fürchterlich und machte lediglich 4 Seemeilen Fahrt. *Ponrabble,* so hieß das Monstrum, war in England gebaut worden und sollte nach Tasmanien in die Südsee überführt werden. Sein Vorgänger war bereits auf der Überführungsfahrt im Sturm gesunken. Die Besatzung hatte sich deshalb für diese gefahrvolle Aufgabe ihre Heuer im voraus zahlen lassen und war überglücklich, daß durch höhere Gewalt die Reise nunmehr ein vorzeitiges Ende fand. Zusammen mit *Glan Grant* beendete der Schwimmbagger sein kurzes Leben, seine Besatzung winkte ihm freudig nach und genoß fortan die Annehmlichkeiten an Bord des Dampfers *Buresk.*
Gegen 23.00 Uhr lief der 1912 gebaute Frachter *Benmohr* (4806 BRT) in die Falle. Mit wertvoller Stückgutladung an Bord wurde auch er versenkt.
Am Sonntag, dem 18. Oktober 1914, kam bei strahlendem Wetter erneut ein Dampfer in Sicht. Der zunächst große, graue Schornstein wurde beim Näherkommen blau und erwies sich als prächtiger Blue Funnel Liner. Der neue 7562 BRT große Dampfer *Troilus,* mit einigen Passagieren und wertvoller Ladung, war auf dem Weg von Colombo nach Liverpool. Zunächst mußte das Schiff folgen, da die Gegend erfolgversprechend schien. Prisenoffizier Lauterbach prüfte die Ladung und stellte erfreut ihren Wert mit gut 25 Millionen Mark fest. Ein lohnender Fang.

Die »Emden« kapert im Golf von Bengalen den englischen Dampfer »Troilus«.

Zwei weitere Dampfer, *St. Egbert* (5596 BRT) und *Exford,* beladen mit 5500 Tonnen Cardiff-Kohle, wurden in dieser Nacht noch aufgebracht und mußten dem Konvoi folgen. Mit vier Schiffen setzte der Kreuzer seine Fahrt fort. Es war geplant, die Gefangenen mit der *St. Egbert* zu entlassen.
Schon wieder kam eine Prise in Sicht. Der 5220 BRT große Dampfer *Chilkana* brachte Stückgut und Proviant von England nach Indien. Er war das letzte Schiff, das dem Kaperkreuzer zum Opfer fiel.
Jetzt begann ein geschäftiges Treiben. Die Besatzungen der gekaperten Dampfer samt ihrer Habe wurden auf die *St. Egbert* übergesetzt.
Nach der Proviantübernahme mußten dann auch diese Schiffe versenkt werden.
Es dunkelte bereits, als der Kreuzer zusammen mit der *Buresk* und der *Exford* den Schauplatz seiner größten Erfolge verließ.

Penang

Mit zunächst südlichem Kurs dampfte der Kleine Kreuzer durch die Weiten des Indischen Ozeans, obwohl sein neues Ziel in östlicher Richtung lag. Der Kommandant hatte die Absicht, den Hafen von Penang zu überprüfen, da er dort feindliche Kriegsschiffe vermutete. Nach all den Kaperfahrten mit dem stolzen Ergebnis von 22 aufgebrachten Dampfern, von denen über 100000 Tonnen versenkt werden konnten, fand von Müller eine rein militärische Aktion für angezeigt.
Im Golf von Bengalen empfing sie schlechtes Wetter. Tropischer Regen ließ die Sicht immer schlechter werden. Für die Begleitdampfer *Buresk* und *Exford* wurde es zunehmend schwieriger, mit dem Kreuzer Fühlung zu halten. Eine Kollision konnte in letzter Minute verhindert werden.

Der nächste Tag lohnte jedoch mit strahlendem Sonnenschein. Man schrieb den 21. Oktober 1914. Der sehr langsam fahrende Dampfer *Exford* wurde mit dem Hinweis auf einen neuen Treffpunkt entlassen, da er für das geplante Unternehmen nur hinderlich gewesen wäre. Was hatte der Kommandant vor? Über Seekarten gebeugt erläuterte von Müller seinen Offizieren den kommenden Einsatz. Zwischen der Halbinsel Malakka und der Insel Penang lag nur ein schmaler Sund. Für die *Emden* kam lediglich die Zufahrt von Norden in Frage, immer noch schwierig genug, im engen Hafen aber gab es nur ein Drehen auf dem Präsentierteller, um durch den engen Schlauch wieder zu entkommen. Im Hafen liegende Gegner konnten nur blitzschnell überrascht werden.
Am 26. Oktober 1914 waren die Nikobaren erreicht. Unter ihrem Schutz ergänzten die Männer noch einmal den Kohlevorrat, dann wurde auch die *Buresk* zu einem geheimen Treffpunkt entlassen. Am nächsten Tag stand S.M.S. *Emden* vor dem Hafen von Penang. Der Angriff sollte am frühen Morgen erfolgen. Auch hier war man überrascht, daß alle Leuchtfeuer wie in Friedenszeiten brannten. Gegen 04.50 Uhr war der innere Hafen erreicht. Atemlose Spannung herrschte unter der Besatzung. Was würde sie erwarten? Welche Schiffe lagen dort? Da tauchte die Schanzbeleuchtung eines Kriegsschiffes auf. In 600 m Abstand wurden die Konturen des russischen Kleinen Kreuzers *Schemtschug* sichtbar.
Niemand auf diesem Schiff bemerkte die *Emden*. Keine Wache stand an Deck, auch der übrige Hafen lag still und schweigend. Weiter hinten hatten zwei kleinere französische Torpedoboote festgemacht. Um 05.18 Uhr gab der Kommandant Feuererlaubnis. Ein Torpedo traf den russischen Kreuzer mittschiffs. Der Artillerieoffizier, Kapitänleutnant Gaede, leitete das Feuer

Der russische Kreuzer »Schemtschug«, gebaut 1903, in der Nevskiwerft in St. Petersburg.

aller fünf Steuerbordgeschütze. Dann drehte die *Emden* auf der Stelle nach backbord. Erste Granaten flogen nun auch dem deutschen Kreuzer entgegen. Auf der *Schemtschug* war es einigen tapferen Matrosen gelungen, zwischenzeitlich ein Geschütz zu besetzen. Auch die französischen Kriegsschiffe eröffneten nun das Feuer. Ein zweiter Torpedo traf die *Schemtschug* unterhalb der Brücke und riß den Kreuzer in zwei Teile. Nun wurde es Zeit, den engen Schlauch der Hafeneinfahrt wieder zu verlassen. Ein Zusammentreffen mit feindlichen Torpedobooten hätte verhängnisvolle Folgen haben können.
Auf See erläuterte Kapitänleutnant von Mücke der Besatzung die Einzelheiten des zurückliegenden Gefechtes, doch kaum war seine Rede beendet, mußte erneut »Klar Schiff« angeschlagen werden. Ein Dampfer kam ihnen entgegen. War es ein feindliches Kriegsschiff? Er erwies sich jedoch als harmloser Frachter. Noch während der Untersuchung tauchte ein weiteres Schiff auf. Diesmal war es ein Tropedobootszerstörer. Hatter er die *Emden* erkannt? Die Toppflaggen wurden gesetzt und auf 4300 m Entfernung schoß der Kreuzer die erste Salve seiner 10,5-cm-Geschütze. Auf dem gegnerischen Schiff wehte die Trikolore. Ein ungeschicktes Wendemanöver besiegelte sein Schicksal. Die Schüsse der *Emden* lagen immer präziser, bald waren die Heizräume getroffen, die Kessel bliesen aus, das Schiff dümpelte hilflos in der weiten Dünung. Kurz darauf begann es zu sinken. Die *Emden* machte sich daran, die Überlebenden zu retten, die im Schiffslazarett von Dr. Luther und Dr. Schwabe behandelt wurden. Die Matrosen nannten auch den Namen ihres Schiffes. Es war der 1902 gebaute Torpedobootszerstörer *Mousquet*.

Die Rettung der Schiffsbrüchigen hatte viel Zeit in Anspruch genommen. Für den deutschen Kreuzer schien es äußerst gefährlich, noch länger in diesem Seegebiet zu bleiben. Die Funkstation Penang berichtete pausenlos von dem Überfall. Größere feindliche Verbände hatten bereits die Verfolgung aufgenommen, aber der *Emden* gelang es wieder einmal zu entkommen.
Ein Problem wurden die gefangenen französischen Seeleute. Es mußte dringend ein Schiff gefunden werden, das sie in ein Hospital brachte. Am 30. Oktober 1914 kam ein schmucker weißer Dampfer in Sicht. Es war der unter britischer Flagge fahrende Frachter *Newburn*. Sein Kapitän war froh, der Versenkung seines Schiffes zu entgehen und deshalb gern bereit, die französischen Matrosen nach Sabang zu bringen.
Am 31. Oktober 1914 traf die *Emden* wieder mit der *Buresk* zusammen, 40 Seemeilen westlich der NW-Spitze von Simaloer. Die Wiedersehensfreude war groß, wenngleich sie auch mit den Strapazen der Kohlenübernahme verbunden war. Wieder einmal mußten 500 Tonnen des schwarzen Goldes umgeschaufelt werden.

Die ersten Novembertage brachten zunächst erfolglose Suche im Seegebiet der Sundastraße und ein Wiedersehen mit dem Versorger *Exford*. Nach personellen Umbesetzungen auf allen Schiffen wurde die *Exford* erneut zu einem weit entfernten Ziel entlassen. Auch die *Buresk* erhielt einen neuen Treffpunkt. Er lag 30 Seemeilen nördlich der Cocos-Inseln. Dorthin wollte der Kreuzer fahren, um ein weiteres Unternehmen zu starten. Ziel war die Zerstörung der Kabel- und Funkstation auf Direction Island. Es sollte der letzte Einsatz des tapferen Schiffes werden.

Der französische Torpedoboot-zerstörer »Mousquet« gebaut 1902 in der französischen Werft von Normand.

Drama vor den Cocos-Keeling-Inseln – Endstation Malta

Am Montag, dem 9. November 1914, gegen 06.30 Uhr rasselten die Anker von S.M.S. *Emden* auf den Korallengrund von Port Refuge, dem Liegeplatz vor Direction Island auf den Cocos-Keeling-Inseln, einem winzigen Fleckchen Erde zwischen Australien und Indien.
Zu diesem Zeitpunkt war das Schicksal des deutschen Kreuzers schon besiegelt. Die Kabelstation hatte das Schiff bereits bemerkt, als es mit seiner Telefunken-Anlage den Kohlendampfer *Buresk* herbeirief. Kurz darauf ging der Hilferuf: »Strange ship off entrance« in den Äther. Aufgefangen wurde er von einem britischen Geleitzug, der in nur 50 Seemeilen Abstand die Inselgruppe passierte. Den Funkverkehr dieser Kriegsschiffe hatte man auch auf der *Emden* registriert, glaubte diese jedoch nach Widerstandsmessungen weit über 10 Stunden Höchstfahrt entfernt. Bis dahin aber wollte der Kreuzer wieder in den Weiten der See verschwunden sein.
Der Landungszug unter Leitung des Ersten Offiziers, Kapitänleutnant von Mücke, war zusammengestellt worden. Ihm gehörten die Leutnants Schmidt und Gyssling an. Ferner 32 Mann des seemännischen und 15 Mann des technischen Personals. Darunter befanden sich die bestausgebildeten Leute des Schiffes. Sie sollten für ihre Leistungen in Penang mit einem Landausflug belohnt werden. Damit war der Kreuzer während der Abwesenheit des Landungszuges nicht mehr voll gefechtsbereit.
Die Dampfpinasse mit zwei Kuttern im Schlepp setzte von der *Emden* ab. Um eventuellem Widerstand begegnen zu können, hatte der Landungszug die vier schweren Maschinengewehre mitgenommen. Von Bord des Kreuzers beobachtete die restliche Besatzung die Inselgruppe. Nach einiger Zeit fiel mit lautem Knall der große Funkmast um. Man war also erfolgreich.
Die Zeit verging: die *Buresk* war seit einigen Stunden überfällig, auch der Landungszug sollte eigentlich schon wieder zurückgekehrt sein. Da meldete der Signalgast vom Fockkrähennest: »Backbord voraus Rauchwolke aus nördlicher Richtung!« Die gute *Buresk*. Es blieb also noch Zeit zur Kohlenübernahme. Auf der Brücke herrschte jedoch Skepsis. Die näherkommende Rauchwolke war nicht typisch für die *Buresk,* die die Anweisung hatte, möglichst rauchlos zu fahren. Bald hatte man die schreckliche Gewißheit: Zwei hohe Masten und vier Schornsteine kamen in Sicht. Ein feindlicher Kreuzer.
Die Sirenen der *Emden* heulten auf, um das Landungskorps auf die überraschende Situation aufmerksam zu machen. War es für die Rückkehr schon zu spät?

Der Kommandant befahl Dampf auf allen Kesseln. Bange Minuten verstrichen. Sollte es dem Landungszug doch noch gelingen, an Bord zu kommen? Die Entfernung des feindlichen Schiffes wurde immer geringer. Ein weiteres Warten war unmöglich, S.M.S. *Emden* mußte sich zum Kampf stellen.
Mit wehenden Gefechtsflaggen fuhren beide Schiffe aufeinander zu. Schon blitzten die Mündungsfeuer auf, erste Salven saßen erfolgreich und fügten dem Gegner Schäden auf dem Achterschiff zu. Bald mußte man aber erkennen, daß er an Geschwindigkeit, Kaliber und Reichweite überlegen war. Die Salven des feindlichen Schiffes trafen immer genauer. Es gelang ihm auch, mit größerer Reichweite S.M.S. *Emden* auf Abstand zu halten. Ein ungleicher Kampf hatte begonnen. Der erste schwere Treffer zerstörte die Funkbude. Eine weitere Granate schlug dicht hinter dem Fockmast in die Achterback. Es gab die ersten Toten auf der *Emden*. Rudertelegraf, Ruder und Kommandoturm fielen aus. Ein neuer Treffer zerschlug den vorderen Schornstein. Ein weiterer Treffer machte das Schiff nahezu manöverierunfähig. Immer mehr Geschütze verstummten, einige wurden nur noch von Verwundeten bedient. Durch einen Volltreffer stürzte der Fockmast über Bord. Im Krähennest fanden Leutnant von Guérard und ein Signalgast den Tod.
Der »Schwan des Ostens« war besiegt. Auch das letzte Geschütz schwieg, eine Aussicht auf Entkommen gab es nicht mehr. Der Kommandant faßte den Entschluß, sein zerschossenes Schiff an der Südküste der North-Keeling-Insel

Das Wrack der »Emden« liegt vor der Südküste von North-Keeling-Islands auf einem Korallenriff.

auf ein Riff zu setzen. Den Überlebenden wollte er es damit ermöglichen, sich schwimmend an Land zu retten. Auch sollte verhindert werden, daß S.M.S. *Emden* dem Gegner in die Hände fällt.
Am 9. November 1914 um 11.15 Uhr lief der Kreuzer in eine Lücke zwischen zwei Korallenbänken. Mit einem häßlichen Knirschen setzte der Bug des Schiffes auf. Die Bodenventile wurden geöffnet, S.M.S. *Emden* war ein Wrack. Das Deck bot einen furchtbaren Anblick. Überall Tote, Verwundete, zerfetzte Maschinenteile, Hitze, Rauch und Feuer. Im Steuerbord-Hilfsmaschinenraum war ebenfalls Feuer ausgebrochen. Dichter Rauch quoll heraus. Das Bedienungspersonal konnte die sengende Hitze nur ertragen, wenn man das Gesicht an die Mundstücke der Feuerlöschschläuche hielt. Unter der Führung von Obermaschinistenmaat Aden hielten die Leute trotz schwerer Brandwunden bis zum Schluß durch.
In seinen Erinnerungen schildert Heyo Aden-Emden das letzte Gefecht seines Schiffes:

Cocos-Island, den 9. November 1914

Um ungefähr 6 Uhr warf die *Emden* in unmittelbarer Nähe der Insel, auf der sich die Station befand, Anker. Bald darauf fuhr unser bis an die Zähne bewaffnetes Landungskorps, unter Führung unseres I. Offiziers, Kapitänleutnant von Mücke, an Land.

Trotz unserer vier Schornsteine hatte man uns an Land bald erkannt. Der Telegraphist der Insel gab drahtlose Hilferufe, die aber unser F. T. Personal durch kräftiges Dazwischenfunken unverständlich zu machen suchte, bis dann das Landungskorps dem Briten das Handwerk gänzlich legte.

Ich begab mich nach dem Frühstück auf den vorderen Scheinwerferstand, teils um die Scheinwerfer zu reinigen, teils um die Vorgänge an Land besser sehen zu können. Bald nach der Landung unseres Korps hörten wir lautes Knallen, unsere Leute hatten mit der Sprengung des Funkmastes begonnen. Derselbe neigte sich immer mehr, bis er endlich unter lautem Knall zusammenfiel. Nun galt es noch, die Station selbst, sowie die Kabel zu zerstören. Unsere vorderen Geschütze waren bemannt und fortwährend auf die Insel gerichtet. Da wir einen guten Ankerplatz hatten, so hatte unser Kommandant beschlossen, unseren Kohlenvorrat hier zu ergänzen, und *Buresk,* unserem Versorgungsdampfer, telegraphisch den Befehl erteilt, auch hierherzukommen.

Bald meldete unser Ausguckposten eine Rauchwolke an Backbord, dann ein Schiff mit zwei Masten und einem Schornstein. Das also mußte die erwartete *Buresk* sein! Wir entfernten unseren vierten Schornstein wieder und wollten mit den Vorbereitungen zum Kohlen beginnen. Mir fiel auf, daß der Kommandant und die auf der Brücke stehenden Offiziere die sich nähernde Rauchwolke unausgesetzt mit dem Glase beobachteten und sich eifrig unterhielten. Auch mir kam die schwarze Rauchwolke verdächtig vor, denn die *Buresk* hatte doch vollkommen rauchlose Wales-Kohle. Nun kam Oberleutnant Geerdes auf den Scheinwerferstand und beobachtete mit meinem Doppelglas die Rauchwolke. »Natürlich ist das ein Kriegsschiff« sagte er und stieg wieder herab: »Das

Schiff hat vier Schornsteine!« Auch unser Kommandant hatte sich davon überzeugt und gab sofort darauf den Befehl: »Dampf auf in allen Kesseln! – Anker lichten! – Landungskorps an Bord! Klar Schiff zum Gefecht!« Nun gab es Bewegung an Deck, alles rannte auf Gefechtsstationen, der Anker wurde mit Volldampf gelichtet und die Sirene heulte unausgesetzt, um das Landungskorps auf die drohende Gefahr aufmerksam zu machen und an Bord zurückzurufen. Aber leider zu spät, wir mußten es zurücklassen und mit fünfzig Mann weniger ins Gefecht gehen.

Ich setzte so schnell als möglich den vorher aufgenommenen Scheinwerfer wieder dicht und begab mich auf meine Gefechtsstation in den Stb. Dynamomaschinen-Raum. Dort angekommen, stellte ich die Turbo-Dynamo-Maschine an und machte Gefechtsschaltung. Mit mir auf Wache waren noch Ober-Anwärter Hülsmann von S.M.S. *Iltis,* sowie Heizer Ruhmer und Formberg. Die Maschinen liefen bereits und die *Emden* dampfte dem unbekannten Feinde entgegen. Das Amperemeter am Schaltbrett schwankte sehr; ein Zeichen dafür, daß kräftig Munition gefördert wurde.

Endlich krachten unsere ersten Schüsse. Das Gefecht mit einem weit überlegenen, noch unbekannten Gegner, war eröffnet! Salve auf Salve folgte! Nach einer Weile kam Ober-Masch.-Maat Köppen den Maschinenniedergang herunter, um eine Meldung zu machen. Als ich ihn fragte, was los sei, antwortete er mir: »*Emden* hat noch keinen Treffer!« Kaum hatte er die Worte gesprochen, da schlug eine feindliche Granate in den Niedergang ein, und mein armer Kamerad stürzte zu Tode getroffen die Treppe hinunter. Anscheinend hatte der Feind die Entfernung gefunden, denn nun schlug Granate auf Granate in unserer Nähe ein. Brennende Gegenstände fielen durch den Luftschacht in unseren Raum. Mehrere Male mußte ich den Ventilator abstellen und den Druckschacht schließen lassen, da anstatt frischer Luft giftige Gase der an Deck krepierenden Granaten in den Raum drangen. Zum Schutze gegen die Einatmung dieser betäubenden Gase hatte ich eine Handvoll Wischbaumwolle in den Mund gesteckt. Heizer Formberg war ohnmächtig geworden und lag am Boden. Plötzlich fuhr ein Geschoß gerade über meinen Kopf in das Panzerdeck ein, schlug dieses aber glücklicherweise nicht durch, sondern machte eine große Beule, die an ihrer tiefsten Stelle etwas gerissen war. Alle Lampen waren erlöscht und eine dichte Kohlenstaubwolke erfüllte den Raum. Was war geschehen? Die Dynamomaschine lief noch, das konnte ich hören, aber anscheinend lieferte sie keinen Strom mehr. Aber doch, da blitzte ja noch eine Lampe auf, die Glühfäden der Birnen waren also gerissen. Nun schnell die Notbeleuchtung wieder anzünden, aber ach, die für diesen Fall eingesteckten Streichhölzer waren naß geworden. Zum Glück fand ich noch im Dunkeln eine neue Glühbirne und konnte wieder Licht machen. Alles amtete wieder erleichtert auf, niemand von uns war verletzt worden. Aber wie sah es im Raume aus! Alles drunter und drüber! Sämtliche Lampen und Glasscheiben der elektrischen Meßinstrumente zertrümmert. Das Voltmeter zeigte über 130 Volt und doch brannten die Lampen des Stromkreises III in meinem Raum normal. Der Fehler war bald gefunden, Glassplitter hatten den Zeiger des Instrumentes gehemmt. Stromkreis II brannte nicht mehr, anscheinend war die Bb.-E-Maschine ausgefallen. Ich versuchte durch das Sprachrohr zu erfahren, was vorgefallen sei, erhielt aber keine Antwort. Dies bestätigte nur meine Annahme. Nun war also nur noch meine Maschine unversehrt und es kam darauf an, sie solange wie irgend möglich in Betrieb zu halten, denn sie versorgte die unter Panzerdeck liegenden Räume mit Licht und speiste 2 Munitionswinden sowie die Kommandoelemente. Die Hitze im Raum war unerträglich, die Luft fast zum Ersticken. Über uns mußte alles brennen, denn fortwährend fielen brennende Gegenstände durch den Luftschacht.

Auch an der Schalttafel begannen Schalter und Hartgummisachen zu schmoren und entwickelten einen ekelhaften Gestank. Es mußte überall Schluß in Leitungen und Schalttafeln sein. Jetzt erhielt ich die Meldung: »Hintere Munitionskammer brennt!« Da letztere unmittelbar an unseren Raum grenzte, so hatten wir die beste Aussicht, im nächsten Augenblick in die Luft zu fliegen. Plötzlich gab es einen kolossalen Stoß im Schiff. »Das war ein Torpedo!« sagte ich. (Wie sich später herausstellte, war der vordere Mast umgefallen.) Es war jetzt so weit gekommen, daß wir uns nur noch durch Kühlen unserer Köpfe mittels des Feuerlöschschlauches bei Besinnung halten konnten. Da wir bald gezwungen sein würden, den Raum zu verlassen, so gab ich den Befehl, nachzusehen, ob der obere Niedergang noch passierbar sei. Sowohl Heizer Ruhmer wie Ober.-Anw. Hülsmann meldeten mir bald, sie könnten das Panzerluk nicht weiter als ungefähr 30 cm aufbekommen. Nun beschloß ich selbst einen Versuch. Während man mir zur Kühlung mit dem Feuerlöschschlauche nachspritzte, kroch ich durch den Spalt, richtete mich auf und erfaßte die Vorreiber der Tür, um sie mit einem Ruck zu öffnen, was mir jedoch nicht gelang. Mir kam es vor, als seien die Vorreiber sehr glatt gewesen. Gleich darauf verspürte ich einen furchtbaren Schmerz in den Händen und ließ mich durch den Spalt, durch den ich gekommen war, die Treppe hinunterfallen. Nun sah ich erst was geschehen war. Meine Hände waren von den glühenden Vorreibern vollständig verbrannt, die dicke Haut der Handflächen hing in Fetzen herunter. Das Gesicht, Arme und Stellen des Körpers waren verbrüht von dem Dampf, der sich durch das Bespritzen der heißen Wände mit Wasser gebildet hatte. Ober-Anwärter Hülsmann suchte meine Schmerzen durch Bespritzen der Hände mit Seewasser zu lindern, jedoch ohne Erfolg. Ich begab mich dann in den unter der E-Maschine gelegenen Hilfsmaschinenraum, wo ich Ober-Maat Keil erschöpft auf der Niedergangstreppe sitzen sah. Trotz meiner Schmerzen versuchte ich ihn zu ermuntern. Wie lange ich hier verweilt habe, weiß ich mich hier nicht mehr zu erinnern, lange kann es jedoch nicht gewesen sein, denn bald darauf kam Ober-Maschinist Leicht vom Hauptmaschinenraum hereingestürzt und rief: »Bodenventile auf! Schiff versenken!« Gleichzeitig ertönte vom Maschinenoberlicht her der Ruf: »Alle Mann aus dem Schiff!« Ich glaubte natürlich, die *Emden* sei im sinkenden Zustand und verließ die Maschine durch das Maschinenoberlicht. Hier stellten sich mir noch Hindernisse entgegen, denn die Treppen waren teilweise zerstört und ich war gezwungen, mich mit meinen verletzten Händen kräftig festzuhalten.

Oben angekommen, sah ich zuerst unseren Kommandanten, der mir sagte, daß das Schiff nicht sinke, sondern auf Strand sitze. Dann traf ich Masch.-Maat Diesel, der sich meiner annahm und mir einen Notverband von einem an Deck liegenden Matratzenbezug anlegte. Mein erster Blick war nach dem Gegner, der, scheinbar unbeschädigt, siegesbewußt von dannen fuhr.

Wie hatte sich unser schönes Schiff in den paar Stunden verändert! Sämtliche Schornsteine waren umgefallen, der vordere Mast war verschwunden, im hinteren Mast, an dem noch die deutsche Kriegsflagge wehte, wiegten sich zahlreiche Aasgeier. Auf dem Oberdeck, das hier und da große Schußlöcher zeigte, lagen Tote und stöhnten die Verwundeten, Hängematten, Patronenhülsen und Büchsen, Tauwerk und dergleichen, alles in wildem Chaos durcheinander, während in den heißen Geschützrohren noch die Granaten krepierten; Hütte, F.-T.-Raum und Minenhellegat standen in hellen Flammen. Das ganze Schiff war ein Trümmerhaufen. Als die Verwundeten an Deck gekommen waren, brachten sie ein Hoch auf unseren verehrten Kommandanten aus. Dieser ermahnte sie, zunächst den Verwundeten zu helfen, sowie die an Deck umherliegenen Granaten über Bord zu werfen, damit weiteres Unheil verhütet werde.

Ich wurde auf die Vorback, den einzigen unbeschädigten Teil des Schiffes gebracht, wo schon viele Verwundete lagen. Der Bug unseres Schiffes war nur ein paar 100 m vom Land entfernt. Die gesunden Leute beschäftigten sich zunächst mit dem Unbrauchbarmachen der Geschütze und dem Löschen des Brandes. Letztes war keine leichte Arbeit, da das Wasser mit Pützen von Außenbord hochgeholt werden mußte, denn Dampfpumpen gab es nicht mehr. Ich erfuhr erst jetzt zu meiner Überraschung, daß das Gefecht zwei Stunden und zehn Minuten gedauert hatte, meine Uhr war demnach schon nach der ersten Stunde stehengeblieben.

Nach Beendigung der Löscharbeiten zogen sich alle Leute reines Zeug an und packten kleine Bündel zum Mitnehmen. Da die im Achterschiff gelegenen Offizierkammern sämtlich ausgebrannt waren, so mußten die Herren Offiziere entweder im Gefechtsanzug bleiben oder sich mit Matrosenkleidung begnügen. Ich erinnere mich noch Seiner Durchlaucht des Prinzen von Hohenzollern, der als schmucker Matrose an Deck erschien. Für mich hatte Masch.-Maat Pieper gesorgt, indem er meinen Spind erbrach und die notwendigsten Sachen in ein Bündel packte, das er jedoch später, beim Überbordspringen, verlor.

Vor 4 Uhr, kurz kam der feindliche Kreuzer wieder in Sicht. Er hatte ein Boot im Schlepptau und wollte uns anscheinend abholen. Als er näherkam, setzte er ein Signal, das wir aber in Ermangelung des Signalbuches nicht verstanden. Unser Kommandant ließ daher mit einer Winkflagge hinübermorsen: »I have no signalbook«. Als Antwort darauf eröffnete der Kreuzer von neuem das Feuer auf seinen hilflosen Feind. Unser Kommandant riet der Besatzung über Bord zu springen, während er selbst ohne Deckung und ohne mit der Wimper zu zucken auf der Vorback stehen blieb und dem ruhelosen Treiben des Feindes zusah. Erst als Ober-Steuermannsmaat Plötz mit einem weißen Bettuch winkte und Ober-Matrose Werner in den Mast kletterte und die Kriegsflagge barg, stellte der Feind das Feuer ein.

Durch die zweite Beschießung wurden noch viele Leute getötet, die meistens von Sprengstücken getroffen wurden. Viele waren auch bei dem Versuch, sich zu retten, in der Brandung ertrunken. Wir Verwundeten blieben auf der Vorback liegen, denn für uns hätte ein Überbordspringen nur den sicheren Tod bedeutet. Da die Granaten dieses Mal mittschiffs eingeschlagen waren, so waren wir verschont geblieben. Für uns war es am schrecklichsten, untätig zusehen zu müssen, wie so viele Kameraden mit den Wellen rangen und schließlich darin untergingen. Einige der über Bord gesprungenen Leute erreichten das Land, während andere sich an dem an der Seite des Schiffes hängenden Mast festhielten und nachher wieder an Bord kletterten. Nach Einstellen des Feuers kam der Kreuzer näher heran und sandte ein Boot ab. Erst jetzt konnten wir mit Hilfe eines Fernglases den Namen des Schiffes lesen, es war der australische Kreuzer *Sydney*. – Während das Boot auf uns zuruderte, fuhr die *Sydney* wieder von dannen. Mit dem Boot kamen Lt. z. See Fikentscher und Leute der *Buresk* an Bord, die uns mitteilten, die *Sydney* wolle morgen wiederkommen und uns abholen.

Wir mußten also noch eine Nacht auf der zerschossenen *Emden* zubringen; ohne Wasser, ohne ärztliche Hilfe. Unser Stabsarzt war der einzige Überlebende des Sanitätspersonals, es fehlte ihm aber an Verbandsstoffen und ärztlichen Instrumenten. Außerdem war auch er erschöpft von den Anstrengungen und Schrecken des Tages. Der Durst machte sich jetzt in unangenehmer Weise bemerkbar, besonders die Schwerverwundeten baten um Wasser. Kameraden hatten schon mehrere Rohre im Schiff zerschlagen und das daraus tropfende Wasser aufgefangen, jetzt war jeder Tropfen kostbar.

Unser Kommandant beschloß zu versuchen, mittels einer Trosse die Verbindung mit dem Land herzustellen und durch eine darangehängte, auf Rollen laufende Munitionsbuchse die Mannschaft auszuschiffen, um dann das Schiff zu sprengen. Die Versuche wurden sofort nach der zweiten Beschießung aufgenommen. Zunächst mußte ein dünnes Tau durch die Brandung an Land geschafft werden. Es wurde zu diesem Zweck an Hängematten gebunden und treiben lassen, aber leider warf die Brandung die treibenden Hängematten immer wieder zurück. Beim Eintreten der Dunkelheit mußte der Versuch als ergebnislos aufgegeben werden. Ein jeder versuchte nun so gut es ging, unter freiem Himmel zu schlafen. Maschinisten-Maat Diesel und Wesemann verbrachten die Nacht an meiner Seite. Sie war sternenklar und ziemlich kühl, einmal regnete es für kurze Zeit. Die Brandung hob und senkte das Schiff manchmal derartig, daß es heftig aufstieß. Mehrere Male entstand wieder Feuer auf der Brücke, das immer wieder gelöscht werden mußte. Ich hatte heftige Schmerzen und starken Durst. Kameraden gingen in der Dunkelheit noch einmal in die zerschossene Kantine hinunter, um etwas zum Trinken zu suchen. Man brachte mir auch eine Dose, in der eine Flüssigkeit zu sein schien, aber leider mußten wir beim Öffnen feststellen, daß Salzheringe darin enthalten waren.

Cocos-Island, den 10. November 1914

Endlich kam der langersehnte Morgen heran. Der Durst war zur Qual geworden. Prinz von Hohenzollern reichte den Verwundeten einen Becher mit einem Gemisch aus Waschwasser und Kakao, das unter diesen Umständen seinen Zweck erfüllte. Während der Stabsarzt bei einigen Verwundeten die Notverbände wechselte, nahmen die übrigen Leute die gestern abend begonnene Arbeit wieder auf. Man versuchte nun mittels eines Wurfgewehrs eine Leine an Land zu schießen, aber leider konnte man nicht mehr an die Munition heran und selbstgemachte Patronen hatten zu geringe Wirkung. Dann ergriff man einen Aasgeier, band ihm einen Bindfaden ans Bein und ließ in fliegen, aber der Bindfaden wurde zu schwer und der Vogel ertrank. Darauf erbot sich Heizer Laabs mit einer dünnen Leine rüberzuschwimmen, aber auch dieser Versuch mißlang. Mitten in der Brandung hakte die Leine hinter einem Felsen und Laabs mußte sich abschneiden, um nicht zu ertrinken. Er selbst kam dann auch glücklich an Land.

Gegen Mittag erschien die *Sydney* wieder, um uns abzuholen. Sie kam dicht an die *Emden* heran und sandte mehrere Boote. Während dieser Zeit wurden die Verwundeten von der Back auf das Achterdeck transportiert. Ich konnte mit Hilfe zweier Kameraden gehen. Das Hüttendeck an Stb.-Seite war ganz aufgerissen, infolge einer Explosion der Bereitschaftsmunition des IV. Geschützes, wobei unser Navigationsoffizier und 8 Mann über Bord geflogen waren. Neben dem Oberlicht der Offiziersmesse lag die verkohlte Leiche Oberleutnants von Leventzow. Das erste Boot der *Sydney* brachte einen Arzt und auch Trinkwasser mit. Das Einbooten machte bei der großen Dünung Schwierigkeiten, doch erwiesen die Engländer sich dabei als tüchtige Seeleute. Wir Verwundeten mußten an einem Tau ins Boot gelassen werden. Längsseits der *Sydney* angekommen, wurden wir in Transporthängematten geschnürt, mittels einer Talje aufgeheißt und ins Lazarett getragen.

Dort bekamen wir zunächst eiskalte Limonade und wurden dann nacheinander verbunden. Ärzte und Sanitätspersonal gingen dabei mit äußerster Vorsicht zu Werke. Mehrere von uns wurden operiert, dabei war auch unser Stabsarzt tätig. Die gesunden Leute mußten sich auf der Back aufhalten, während wir im hinteren Teil des Schiffes untergebracht wurden. Die englischen Seeleute waren sehr teilnahmsvoll, fragten stets nach Wünschen und brachten Bouillon, Kakao, Schokolade usw. Während der Nacht kreuzte die *Sydney* in der Nähe der Insel, um am anderen Morgen die an Land geschwommenen Leute abzuholen.

Kurz nachdem die *Emden* auf das Riff gelaufen war, stellte der Feind das Feuer ein. Fregattenkapitän von Müller gab den Befehl: »Alle Mann an Deck!« 133 Tote und 49 Schwerverwundete waren die traurige Bilanz des letzten Gefechtes.

Der feindliche Kreuzer ist dann mit großer Geschwindigkeit einer entfernten Rauchwolke entgegengefahren, der *Buresk*, wie sich zeigen sollte. Gegen 16.00 Uhr kam er zurück, mit zwei Booten des *Emden*-Versorgers im Schlepp. Die Männer auf dem brennenden Wrack hofften nun auf eine baldige Rettungsaktion. Es wurde zunehmend schwieriger, die Schwerverletzten zu versorgen, auch machte sich der Mangel an Frischwasser schmerzlich bemerkbar.

Blick vom achtern Teil der Hütte nach vorn. Vor den umgestürzten Schornsteinen der Kompaßturm und das Oberlicht der Offiziersmesse.

Der Kreuzer aber fuhr am Wrack vorbei, ein Signal gebend, das jedoch nicht verstanden wurde. Auf dem Wrack gab es weder einen Signalgast noch ein Signalbuch. Der Kommandant ließ hinüberwinken: No signalbook! In diesem Moment blitzten wieder die Mündungsfeuer auf.
In ohnmächtiger Wut mußte man erleben, daß erneut Granaten auf dem hilflosen Wrack einschlugen und weitere 25 Männer töteten und verletzten. Was war geschehen?
Im Großmast der *Emden* wehte noch die Kriegsflagge. Der Kommandant des australischen Schiffes hielt dies für ein Zeichen, daß der Kreuzer noch nicht zur Kapitulation bereit war. Erst als sie niedergeholt war, stellte der Gegner das Feuer ein. Die zwei Boote der inzwischen aufgebrachten *Buresk* durften mit Leutnant Fikentscher zum Wrack übersetzen und bei der Versorgung der Verwundeten helfen. Dr. Luther und Dr. Schwabe arbeiteten ununterbrochen. Bei dem Versuch, an Land zu schwimmen und eine Trinkwasserversorgung herzustellen, erlitt Dr. Schwabe einen Schwächeanfall und wurde von der Brandung auf ein Riff geschleudert. Er erlag seinen Verletzungen.
Inzwischen war auch bekannt, daß es sich bei dem Gegner um den 1914 fertiggestellten Turbinenkreuzer *Sydney* der australischen Marine handelte. Gegen 13.00 Uhr setzte H.M.A.S. *Sydney* zwei Kutter aus. Sie überbrachten von Müller einen Brief mit folgendem Inhalt:

Königlich-Australische Marine
H.M.A.S. *Sydney*
Auf See
9. November 1914

Bezug: –
Mein Herr!
Ich gebe mir die Ehre, Sie im Namen der Menschlichkeit aufzufordern, mir Ihr Schiff zu übergeben. Als Beweis meiner Hochschätzung Ihrer Tapferkeit darf ich die Lage wie folgt zusammenfassen:
(1) Ihr Schiff ist aufgelaufen.
3 Schornsteine und 1 Mast sind umgestürzt, die meisten Geschütze unbrauchbar.
(2) Sie können diese Insel nicht mehr verlassen.
Mein Schiff dagegen ist intakt.
Wenn Sie sich ergeben, was für Sie – wie ich mir erlauben darf, Ihnen vor Augen zu führen – keine Schande, sondern lediglich ein Unglück darstellte, werde ich versuchen, alles für Ihre Kranken und Verwundeten zu tun und diese in ein Krankenhaus überführen.

Ich gebe mir die Ehre, mein Herr,
als Ihr gehorsamer Diener
John A. Glossop
Kapitän z. See

Dem Kommandanten
Seiner Kaiserlich
Deutschen Majestät
Schiff *Emden.*

H.M.A.S. »Sydney«. Daten: Stapellauf/Bauwerft: 29. 8. 1913, Harland & Wolff, Glasgow. Besatzung: 475–540 Mann. Deplacement: 5400 ts. Länge: 139,6 m, Breite: 15,2 m, Tiefe: 4,8 m. Antrieb: 4 Parsons-Turbinen, 12 Yarrow-Kessel. Geschwindigkeit: 25,5 kn. Bewaffnung: 8 SK-15,2 cm, 4 Geschütze 7,6 cm, 2 TR-50 cm.

Die Bergung der Verwundeten, von den Australiern mit großer Sorgfalt und seemännischem Geschick durchgeführt, dauerte mehrere Stunden. Zuletzt gingen die drei überlebenden Seeoffiziere Witthoeft, Prinz von Hohenzollern und Schall, sowie die Ingenieure Ellerbrock, Haass und Andresen an Bord der *Sydney*. Oberleutnant Geerdes war bereits auf das Schiff transportiert worden. In seiner weißen Uniform, gezeichnet von Brandstellen und dem Blut der verletzten Kameraden, aber wie immer korrekt zugeknöpft, verließ Fregattenkapitän Karl von Müller als letzter das Wrack seines Schiffes. Er hatte sich alle Ehren verbeten, trotzdem war auf der *Sydney* eine Ehrenwache aufgezogen, es wurde Seite gepfiffen und der Kommandant, Captain Glossop, geleitete ihn in seine eigene Kajüte und kleidete ihn neu ein.
Die Behandlung an Bord der *Sydney* war höflich und zuvorkommend, die Versorgung der Verwundeten durch die britischen Ärzte beispielhaft. Viele verdankten ihnen das Leben.

Nun erfuhr man auch, warum es zu dem Treffen mit H.M.A.S. *Sydney* gekommen war. In der Tat war der Funkspruch der Kabelstation auf Cocos-Island: »Strange warship at the entrance« von einem Geleitzug aufgefangen worden. Der Führer dieses Geleitzuges, Captain Silver auf H.M.A.S. *Melbourne,* entsandte daraufhin seinen Kreuzer *Sydney* nach Cocos, um dort die Situation aufzuklären. Um 06.50 Uhr verließ der Kreuzer den Geleitzug, danach gingen folgende Funkmeldungen auf der *Melbourne* ein:

09.20 Uhr: »*Sydney* an *Melbourne* Gegner in Sicht.« Um 09.23 Uhr verlangte *Sydney* das Erkennungssignal des unbekannten Schiffes.
09.58 Uhr: »Eröffne Gefecht gegen Gegner, verfolge Gegner nördlich.«
10.48 Uhr: »Bekämpfe Gegner mit guter Trefferwirkung.«
11.20 Uhr: »Gegner auf Strand gesetzt. Verfolge jetzt Versorger.«
11.40 Uhr: »*Emden* auf Strand und außer Gefecht.«

Am 15. November 1914 erreichte die *Sydney* mit den Gefangenen den Hafen von Colombo, der Hauptstadt des heutigen Sri Lanka. Auf ausdrücklichen Wunsch von Captain Glossop sollten – aus Rücksicht auf die Gefallenen der *Emden* – von keinem britischen Schiff »Hurras« ausgebracht werden. Zwischenzeitlich war auch ein Funkspruch des britischen Marineministers Winston Churchill eingetroffen:

Kommandant, Offiziere und Besatzung der »Emden« scheinen der ehrenhaftesten Behandlung würdig, die unter Kriegsrecht möglich ist. Sofern Ihnen keine Umstände bekannt sind, die ein anderes Vorgehen erzwingen, sollten dem Kommandanten und den Offizieren ihre Degen belassen werden.

Man wußte diese ehrenvolle Geste zu schätzen, allein die Degen befanden sich auf dem Meeresgrund vor Cocos-Island.
Ein Teil der Besatzung kam nach dem Hospitalaufenthalt in ein australisches Lager, die restlichen sollten auf Malta interniert werden.
An Bord des Transportdampfers *Orvieto* schrieb Fregattenkapitän von Müller am 28. November 1914, im Roten Meer auf dem Weg nach Malta, diesen Brief an seine Eltern:

»Seit dem Verlassen von Tsingtau habe ich zweimal an Euch geschrieben. Aber ich habe nicht viel Hoffnung, daß diese Briefe an Euch gelangt sind. Einige Nachrichten über die *Emden* werdet Ihr wohl in den Zeitungen gelesen haben. Nach mehrwöchentlichen, sehr von Glück begünstigten Kreuzfahrten, hat die *Emden* das Schicksal ereilt, daß ich bei längerer Dauer des Krieges wohl erwartet hatte, das ich aber gern, soweit wie möglich, hinausgeschoben hätte, um so lange wie möglich meine Aufgabe zu erfüllen. Wenn ich auch sehr Fatalist bin, so quält mich doch das Bewußtsein, daß der Verlust der *Emden* verzögert worden wäre, wenn ich anders gehandelt hätte. Ich möchte Euch keine Details von dem Gefecht erzählen, nur das Folgende schreiben: Als erkannt war, daß das herankommende Schiff nicht der von mir erwartete Kohlendampfer, sondern ein

Kriegsschiff sei, war ein Vermeiden des Kampfes nicht mehr möglich wegen der überlegenen Geschwindigkeit des Gegners. Ich vermutete in letzterem den Kreuzer *Newcastle,* der zwar auch der *Emden* überlegen gewesen wäre, aber doch nicht in dem gleichen Maße, wie die *Sydney.* Mein Landungs-Detachement konnte ich nicht mehr bei Beginn des Gefechts an Bord nehmen, so daß ich auch in dieser Hinsicht unter ungünstigen Vorbedingungen in den Kampf eintreten mußte. Die Artillerie der *Emden* war sehr schnell eingeschossen und erzielte im Anfang auch einige Erfolge. Dann trat aber bald die Feuerüberlegenheit in der englischen Armierung ein, die sich mehr und mehr steigerte. Nachdem die Artillerie außer Gefecht gesetzt war, infolge Aufhörens der Munitionszuführung und Ausfalls fast aller Bedienungsmannschaften, und nachdem der Versuch, zum Torpedoschuß zu gelangen, infolge unterlegener und durch Zerstören der Schornsteine noch mehr verminderter Geschwindigkeit fehlgeschlagen war, hatte ich keine Möglichkeit mehr, den Gegner zu schädigen und habe dann das arg zerschossene und an mehreren Stellen brennende Schiff in der Brandung auf der Luvseite von North Keeling-Island auf das Riff gesetzt, es dort durch Einlassen von Wasser in alle Abteilungen, Unbrauchbarmachen der Geschütze usw. vollkommen zum Wrack gemacht. *Sydney* schoß noch einige Zeit, nachdem *Emden* aufgelaufen war, weiter, nahm dann die Verfolgung meines Kohlendampfers auf. Alle Offiziere, Unteroffiziere und Mannschaften der *Emden* haben sich während des Gefechts ausgezeichnet benommen, wie ich es auch nicht anders erwartet hatte. Ihr könnt Euch denken, daß es für mich kein angenehmes Gefühl war, daß ich in diesem Kampfe, in dem mein schönes Schiff vernichtet wurde, und in dem so viele Männer meiner Besatzung ihr Leben gelassen haben, unversehrt hervorgehen mußte. Der Kommandoturm wurde nicht getroffen, und die Splitter, die durch die Sehschlitze in ihn hineindrangen, verwundeten alle neben mir Stehenden, nur mich nicht. Ich habe erst daran gedacht, ob ich nicht freiwillig auf meinem Schiff ein Grab suchen sollte, aber ich hatte die Pflicht, zunächst für den Rest der Besatzung zu sorgen. Meinem Vaterlande hätte ich damit nicht genützt. 50% der an Bord befindlichen Offiziere sind getötet worden. Unverwundet sind außer mir nur der Leutnant Prinz von Hohenzollern, der als Zweiter Torpedooffizier im Torpedoraum war, der Stabsarzt und die in dem Maschinen- und Heizraum befindlichen drei Ingenieure geblieben. Besonders nahe ist mir der Tod meines Adjutanten Leutnant von Guèrard gegangen, den ich sowohl wegen seiner dienstlichen Leistungen, als auch wegen seiner persönlichen Eigenschaften sehr schätzte. Ich werde nie den begeisterten, kampfesfreudigen Ausdruck in seinem Gesicht vergessen, als er sah, daß es ins Gefecht ging. Dann habe ich auch meinen Burschen, den braven Zeidler, verloren, dessen Station auf dem Unterdeck war, und der mich vorher gebeten hatte, ob er nicht einmal am Oberdeck sein dürfte. Er wurde gleich zu Beginn des Gefechts leicht verwundet und hat nachher durch eine andere Granate den Tod gefunden. Nach dem Auflaufen des Schiffes waren einige Leute durch die Brandung an Land geschwommen, einige bei diesem Versuch ertrunken. Es wurde dann versucht, durch dünne und dicke Leinen eine Verbindung mit dem Land herzustellen. Aber alle in dieser Hinsicht angestellten Versuche mißglückten. Nachmittags kam die *Sydney* zurück. Ich hatte nicht gedacht, daß sie die Beschießung fortsetzen würde und war sehr erstaunt, als sie plötzlich wieder Feuer eröffnete. Wie ich nachträglich vom Kapitän der *Sydney* gehört habe, ist zweimal ein Signal gemacht worden: ›Do you surrender?‹, was auf *Emden* nicht verstanden worden ist, und da keine Antwort kam, angenommen wurde, daß *Emden* das Gefecht fortsetzen wolle, besonders da im Großtopp noch eine Kriegsflagge wehte. Um nicht unnütz Mannschaften zu opfern, und da die *Emden* nicht mehr ein Kriegsschiff, sondern ein Wrack war, ließ ich dann zum Zeichen, daß ich mich mit dem Rest der Besatzung ergeben würde, eine weiße Flagge zeigen, die Flagge im Großtop niederholen und

Das Gefangenenlager der »Emden«-Besatzung auf Malta.

verbrennen. Ich bin nicht ganz sicher, wie das aufs Riff setzen der *Emden* und die schließliche Übergabe des Restes der Besatzung beurteilt werden wird. Aber ich glaube, daß ich, ein zweites Mal vor die Entscheidung gestellt, unter den gleichen Umständen nicht anders handeln würde.
Am folgenden Nachmittag wurden wir als Gefangene auf *Sydney* übergeschifft. Über die Aufnahme auf der *Sydney* und später der *Colombo,* der uns nach England bringen sollte, können wir uns in keiner Weise beklagen. Im Gegenteil. Die Unmöglichkeit, für sein Vaterland in dieser schweren Zeit zu arbeiten, und allgemein das Bewußtsein gefangen zu sein, ist natürlich sehr deprimierend.«

Am 2. Dezember erreichten sie Port Said. H.M.S. *Hampshire* lag bereits an der Boje. Captain Grant empfing sie auf das herzlichste, lag man doch ein Jahr zuvor friedlich nebeneinander als Stationäre in Nanking. Eigentlich war er gar nicht so unglücklich darüber, trotz dichter Verfolgung nicht das letzte Gefecht gegen einen persönlichen Freund führen zu müssen.
Die *Hampshire* transportierte die Gefangenen nach Malta. Captain Grant brachte von Müller in seiner Kabine unter, er selbst schlief im Kartenhaus. Damit der Aufenthalt erträglicher wurde, hatte er den deutschen Kameraden eine kleine Bibliothek zusammengestellt. Auch in der Folgezeit kam er noch häufig zu Besuch und brachte stets persönliche Geschenke mit.

Am Sonntag, dem 6. Dezember 1914, lief die *Hampshire* in den Hafen von La Valetta auf Malta ein. Hinter den Männern der *Emden* schlossen sich die Tore des Lagers Verdala und St. Clements Camp. Ihre Gedanken aber waren bei den Kameraden des Landungszuges. Wie mochte es ihnen ergangen sein? Hat man sie auch gefangengenommen? Auf welchem Teil der Welt mögen sie sein? Eine Zeit sollte es noch dauern, bis sie von den Heldentaten ihres Landungscorps hören würden.

Gruppenaufnahme im Gefangenenlager. Bildmitte zeigt Obermaschinistenmaat Heyo Aden. An seinen Händen sind die Brandwunden erkennbar, die er sich im Stb.-Hilfsmaschinenraum zugezogen hat.

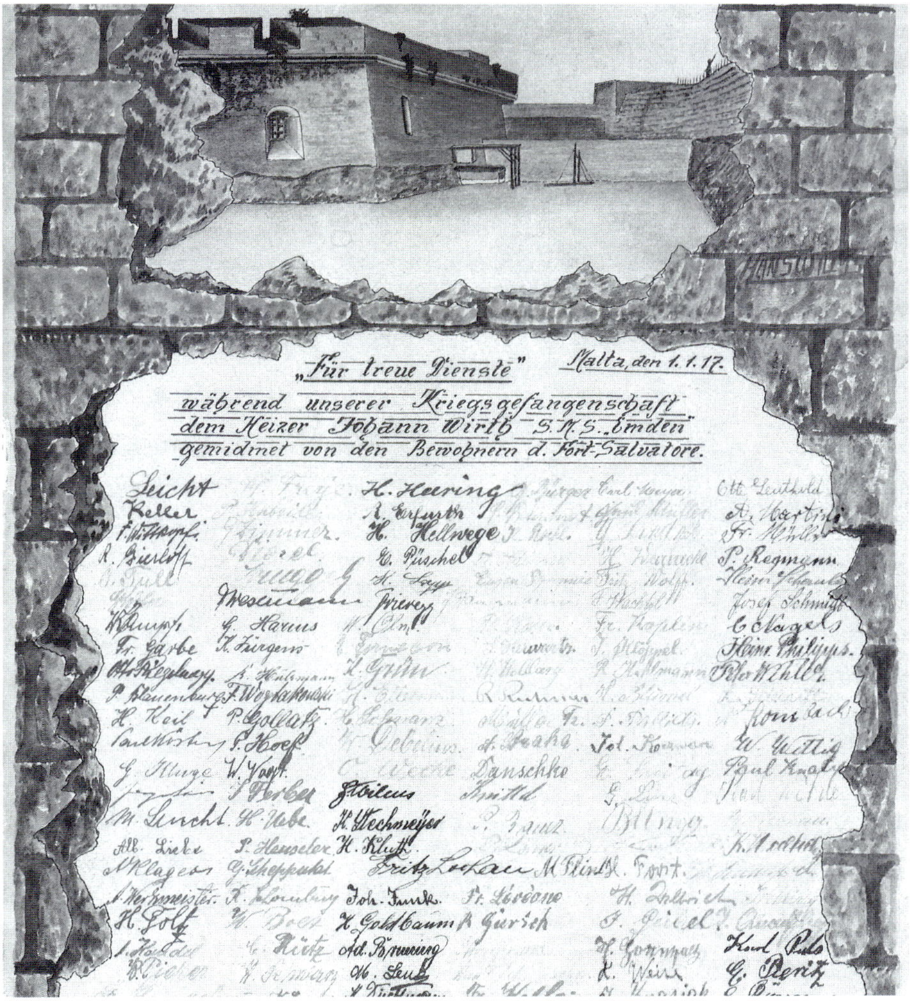

Übersichtskarten der »Emden«-Fahrten, aus: »Unsere Emden«, Kaperfahrten im Indischen Ozean, von Robert Witthoeft, 1938, Verlag Ernst Steininger Berlin.

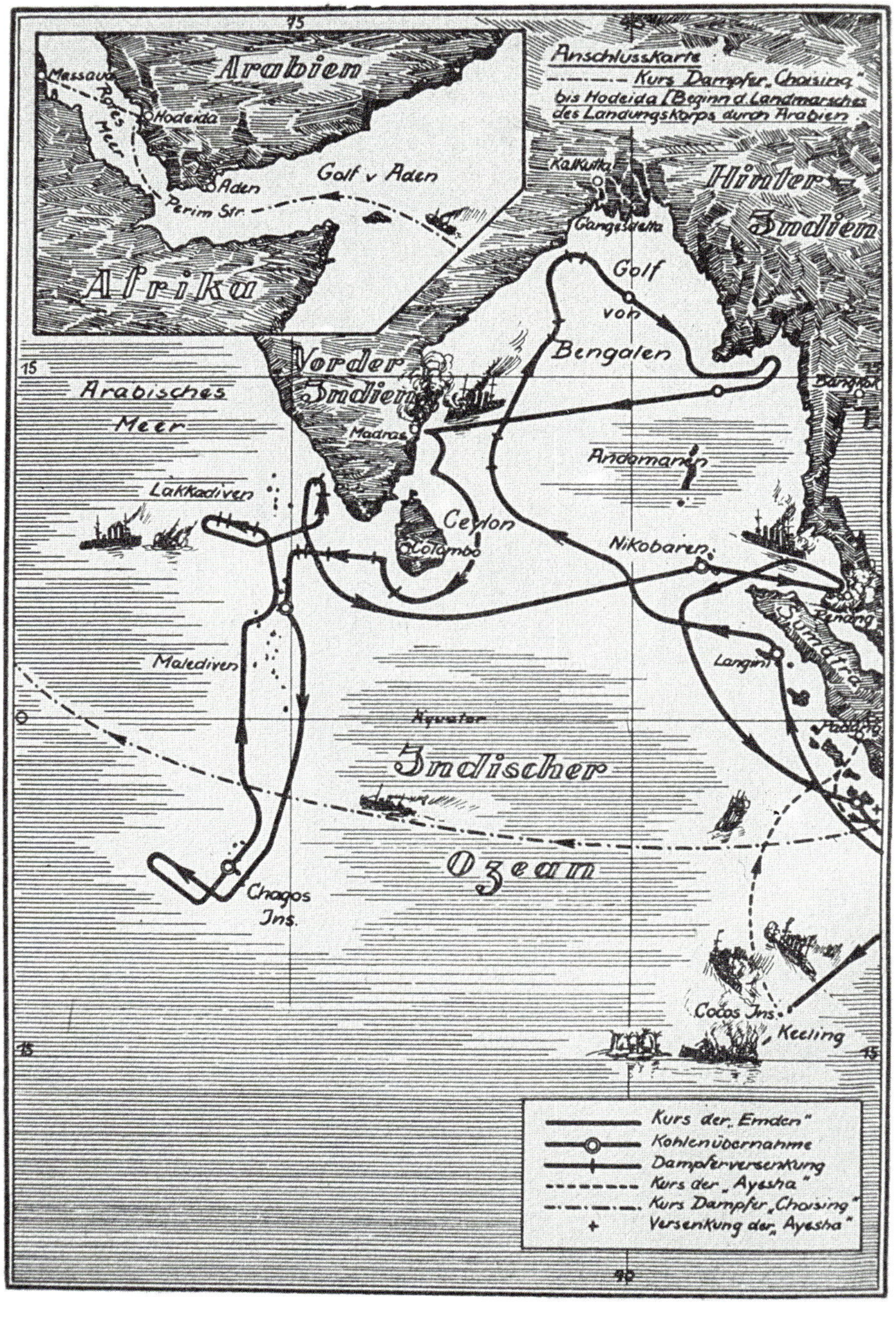

Kreuzfahrten der „Emden"
im Indischen Ozean
China
Formosa
Hongkong
Grosser
Ozean
Siam
Manila
Bangkok
Südchinesisches
Meer
Philippinen
Palau
Jns.
Sulu-
See
Halbinsel
Malakka
Penang
Celebes-
See
Treffen mit Kanonbt. Geier
Molukken-Str.
Neu
Guinea
Singapore
Borneo
Aquator
Padang
Celebes
Sumatra
Buru
Java-See
Sunda-Str.
Soerabaja
Banda-See
Batavia
Sunda-See
Bali
Java
Lombok
Flores
Nusa-Bessi
Timor
Lombok-Str.
Indischer Ozean
105
120
15
0
500
1000 Sm
1000
2000 Km
Australien
Kurs der „Emden"
Kohlenübernahme

Der Landungszug

Direction Island, eine der großen Inseln des Süd-Keeling-Atolls, war ein wichtiger Stützpunkt der Weltkommunikation geworden. Von ihm gingen drei Kabelstränge aus. Eine Leitung führte nach Mauritius, eine andere nach Perth in Australien und ein dritter Strang verband ihn mit Batavia. Die Station war die letzte direkte Verbindung zwischen dem englischen Mutterland und Australien. Sie zu zerstören wurde daher als wichtige militärische Aktion betrachtet.
Am Montag, dem 9. November 1914, um 06.30 Uhr machte Kapitänleutnant von Mücke dem Kommandanten folgende Meldung: »Melde gehorsamst, Landungszug in Stärke von drei Offizieren, sechs Unteroffizieren und einundvierzig Mann von Bord.«
In zwei Kuttern, geschleppt von der Dampfpinasse, bewaffnet mit vier schweren Maschinengewehren, Pistolen, Karabinern und Seitenwaffen, machte der Landungszug an der kleinen Brücke der inneren Lagune fest. Kurze Zeit später waren das Telegraphengebäude und die Funkstation besetzt.

Der Kommandant des Landungszuges, Kapitänleutnant Hellmuth von Mücke.

Das Landungskorps hat auf Direction-Island eines der vier Maschinengewehre in Stellung gebracht.

Anders als erwartet, war man auf keinerlei Widerstand gestoßen. Der Direktor, Mr. Farrant, nahm die Situation ausgesprochen gelassen und humorvoll hin. Sehr zur Überraschung des Landungskorps gratulierte er ihnen zum soeben verliehenen Eisernen Kreuz. Das Telegramm von Reuter habe er gerade gelesen.

Zunächst mußte der Funkmast gesprengt werden. Auf Bitten der Stationsbesatzung sollte er jedoch möglichst nicht auf den schön angelegten Tennisplatz fallen, ein Wunsch, dem gern entsprochen wurde. Anschließend mußten alle wichtigen Geräte unbrauchbar gemacht werden. Schwierig erwies sich das Durchtrennen der im Meer laufenden Kabelverbindungen. Während die Männer noch fieberhaft arbeiteten, erreichte sie von der *Emden* der Morsespruch: »Arbeiten beschleunigen«. Kurz darauf heulte die Sirene. Das war das Signal, sofort an Bord zu kommen. In der Nähe des Landungssteges lag ein weißer Segelschoner vor Anker. Man hatte die Absicht, diesen noch vor der Rückkehr zu versenken, ein Plan, den von Mücke jedoch aufgab, weil auf der *Emden* bereits die Ankerflagge A halb gesetzt war, ein Zeichen, daß der Kreuzer bereits Anker lichtete. Der Schleppzug setzte sich in Bewegung, um so schnell wie möglich an Bord zu kommen. Da drehte die *Emden* den Bug seewärts und dampfte mit hoher Geschwindigkeit davon. Die Gefechtsflagge ging hoch. Kurz darauf feuerte sie eine Steuerbord-Breitseite ab. Auch dicht neben ihr gingen erste Geschosse nieder und wühlten das Wasser zu hohen Fontänen auf. Kein Zweifel, der Kreuzer war in ein ernstes Gefecht verwickelt. Der Landungszug konnte sein Schiff nicht mehr erreichen und kehrte zur Insel zurück. Zunächst einmal war daran gedacht, diese in einen Verteidigungszustand zu bringen.

Soweit es möglich war, versuchte von Mücke, das Kampfgeschehen vom Dach eines Gebäudes zu verfolgen. Er konnte sehen, daß die *Emden* schwer getroffen war, der vordere Schornstein lag quer über dem Schiff, das sich brennend immer mehr entfernte. Es wurde zunehmend unwahrscheinlicher, daß der Kreuzer noch einmal zurückkehren und sein Landungskorps aufnehmen konnte. Was blieb zu tun? Sicher war, daß der überlegene Gegner versuchen würde, die deutschen Besetzer gefangenzunehmen. Sollte dies kampflos geschehen? Sicher nicht. Was aber sollten die vier Maschinengewehre gegen schwere Schiffsgeschütze ausrichten? Da blieben nur zwei Möglichkeiten: Heldentod oder Gefangenschaft.

Doch eine dritte Möglichkeit zeigte sich auf. Lag da nicht der alte Schoner vor Anker? Glücklicherweise hatte man ihn noch nicht versenkt.

Der Schoner »Ayeska« in Padang auf Sumatra.

»*Ayesha*«

Sein Name war *Ayesha,* benannt nach der Lieblingsfrau Mohammeds. In seinen Glanzzeiten, die allerdings schon Jahre zurücklagen, transportierte der Schoner Kopra von der Insel nach Batavia, dem heutigen Jakarta. Nach der Einführung einer regelmäßigen Dampferverbindung lag er nun abgetakelt vor Anker und verrottete langsam, aber stetig. Die Besichtigung durch von Mücke und seine Offiziere ergab, daß sein Zustand zwar nicht mehr der beste war, eine Flucht mit ihm aber möglich erschien. Sein alter Kapitän warnte dringend vor der Benutzung. Der Boden sei durchgefault, auf keinen Fall könne man sich damit auf See wagen. Der Entschluß stand aber fest, das Schiff wurde seeklar gemacht. Nun zeigte sich der Sportsgeist der englischen Stationsbesatzung, die eine solche Leistung zu würdigen wußten. Überall wurde den Männern der *Emden* Hilfe zuteil. Bald war die Versorgung mit Proviant und notwendiger Ausrüstung gesichert.

Selbst Tabak und Pfeifen gab man den deutschen Seeleuten für ihre aufregende Reise mit. Am Abend lichtete der Schoner den Anker. Kriegsflagge und Wimpel wehten. Sie machten aus einem morschen Koprafrachter ein neues Kriegsschiff der Kaiserlichen Marine: S.M.S. *Ayesha.*

Mit nördlichem Kurs ging die Fahrt ins Ungewisse. Die folgenden Tage bestanden aus der normalen Schiffsroutine, wie Auszüge des Original-Logbuches zeigen:

Mit Dampfpinasse und Kuttern begibt sich der Landungszug auf den im Hintergrund liegenden Schoner »Ayesha«.

Mittwoch, 11. November 1914
Vormittags wurde außer den täglich wiederkehrenden Arbeiten, wie Schiffsreinigung, Prüfung der Takelage, Lenzpumpen des Schiffes, nun auch das Untermarssegel untergeschlagen und gesetzt. Das Obermarssegel folgte nachmittags. Bei Ostsüdost-Wind, Stärke 3 bis 4, standen folgende Segel: Jager, Außenklüver, Klüver, Stagfock, Fock, Untermarssegel, Obermarssegel, Großsegel, Großtoppsegel, Besan und Toppsegel. Das Schiff machte 3,8 bis 5,1 Seemeilen Fahrt. Nachts 23.35 Uhr riß die Kutterschleppleine. Der Kutter wurde treiben gelassen. Er war leck.

Freitag, 13. November 1914
Das Wetter wurde böig. Segel bergen und setzten war mehrmals nötig. Um 5.00 Uhr setzte eine heftige Regenbö ein. In den Booten, die an den Davits hingen, wurden Pfropfen eingesetzt, die Speigatten dicht gesetzt, sämtliche Gefäße waren klar zum Wasserfangen, Ein großes Segel und das Kajütsdach dienten zur Ansammlung von Wasser. Die gesamte Besatzung war unbekleidet an Deck und benutzte die Gelegenheit, wie nun immer, sich in Süßwasser waschen und Zeugwäsche machen zu können. Es wurde ein Faß voll Trinkwasser aufgefangen. 16.40 Uhr nochmals Regen.

Freitag, 20. November 1914
Besteck gegißt aus einer Vormittagsstandlinie. Immer noch Flaute. Mannschaft Unterricht im Splissen und Knoten, Kompaß, Takelage usw. Sonnensegel gesetzt. 13.00 Uhr leichte Regenbö aus Süd. Kurs Nordnordost. Geringe Fahrt. 14.00 Uhr Totenstille. Regen mit wenig Wind. Wasser aufgefangen.

Der Kommandant hatte die Absicht, zunächst nach Padang (Sumatra) zu gehen. Am Freitag, dem 27. November 1914, hatte man um 10.00 Uhr Pulo Mara passiert. Seit geraumer Zeit wurde der Schoner von dem holländischen Kreuzer *Lynx* verfolgt.
Ein kleines Malaienboot kam längsseits und lotste *Ayesha* zu einem Ankerplatz vor Emmahaven. Kapitänleutnant von Mücke begab sich in korrekter Uniform an Bord der *Lynx* und erklärte, daß es sich bei *Ayesha* um ein deutsches Kriegsschiff handele. Er habe den Hafen aus Mangel an Trinkwasser und Proviant angelaufen und werde nach Behebung dieser Mängel wieder in See gehen.
Damit allerdings waren die offiziellen Vertreter der königlich-niederländischen Regierung nicht einverstanden. Man erkenne die *Ayesha* nicht als deutsches Kriegsschiff an und wolle es als Prise behandeln. Gegen diese Entscheidung legte von Mücke durch den deutschen Konsul Protest ein. Unendlich viel Zeit verging, ehe der angeforderte Proviant geliefert wurde. Die holländischen Behörden und der belgische Hafenkapitän wollten unter allen Umständen verhindern, daß die *Ayesha* wieder in See geht. Nur die entschlossene Haltung von Mückes ermöglichte am 28. November 1914 das unbehelligte Auslaufen des Schoners unter deutscher Reichskriegsflagge.
Zuvor hatte man dem deutschen Konsul einen Zettel zugesteckt, den dieser dem Kapitän eines im Hafen liegenden deutschen Dampfers weitergeben sollte. Der Text lautete:

Ich kreuze bis 20. Dezember auf 3° 20'S und 99° 20'Ost. Schiffsort wird je nach Wind und Strom auf 20 Meilen genau eingehalten.

In den Abendstunden verließ die *Ayesha* Emmahaven. Die Mannschaft brachte drei Hurras auf den deutschen Konsul aus, dann sang man gemeinsam die »Wacht am Rhein«. Zuvor hatte von Mücke den niederländischen Behörden erklärt, daß er auf die Begleitung durch ein holländisches Kriegsschiff verzichten wolle.
Trotzdem geleitete, wenn auch mit großem Abstand, das holländische Flaggschiff *De Zeven Provincien* den Schoner solange, bis die holländische Hoheitsgrenze erreicht war.
Am 14. Dezember um 15.20 Uhr kam an Backbord ein Dampfer in Sicht. Mit allen Segeln hielt der Schoner auf ihn zu. Er zeigte die deutsche Flagge. Es war der Frachter *Choising* des Norddeutschen Lloyd. Wind und Seegang machten jedoch ein Umsteigen unmöglich. So mußte man noch bis zum 16. Dezember warten. Erst dann flaute der Wind langsam ab. Im Schlepp zog die *Choising* den Schoner nach Lee von Pagai. Gerät, Proviant und die vier Maschinengewehre wurden nun auf den NDL Dampfer verladen. Durch Anbohren machte man den Schoner zur Versenkung klar. Um 16.48 Uhr sank die *Ayesha,* nachdem sie seit den Cocos-Inseln eine Strecke von 1709,6 Seemeilen unter Segeln zurückgelegt hatte.

Der Frachtdampfer »Choising« des Norddeutschen Lloyd.

Die *Choising,* ein kleiner Frachtdampfer des NDL Bremen, war 1901 auf der Rickmers-Werft in Geestemünde als *Madeleine Rickmers* gebaut worden. 1906 kaufte ihn der NDL und setzte den Dampfer in der Ostasien-Fahrt ein.
Vom Kriegsausbruch überrascht, ging das Schiff zunächst nach Batavia. Vom 10. bis 15. August wurden an der Pier 1000 Tonnen Kohle übernommen. Am 10. September bemerkte man, daß die Kohlenladung sich entzündet hatte. Nur mit äußerster Anstrengung konnte der Brand, der sich auch in den anderen Laderäumen fortsetzte, bekämpft werden. Am 11. Oktober ankerte die *Choising* vor Padang. Das Feuer war zwischenzeitlich überall gelöscht. Am 29. November wurde Kapitän Minkwitz ein vom Kommandant der *Ayesha* geschriebener Zettel überbracht. Nach Beratung mit dem Konsul und Gesprächen mit dem deutschen Generalkonsulat in Batavia stand der Entschluß fest, die Männer des Landungszuges der *Emden* an Bord zu nehmen. Die niederländischen Behörden wachten streng darüber, daß nur Proviant für die Besatzung übernommen wurde. Nachts zuvor hatte man jedoch schon reichlich Proviant und Matratzen von den deutschen Dampfern *Kleist* und *Rheinland* an Bord geschafft. Am 10. Dezember nahm die *Choising* Kurs auf die Sipora-Straße. Sechs Tage später gelang es, an vereinbarter Position den Landungszug an Bord zu nehmen.
In der Messe erläuterte von Mücke Kapitän Minkwitz und seinen Offizieren die weiteren Absichten. Der ursprüngliche Plan, Tsingtau anzulaufen, mußte aufgegeben werden, nachdem der Stützpunkt gefallen war. Aus diesem Grund wollte man nun bis zum Roten Meer fahren. Von dort sollte der Weg über türkisches Einflußgebiet zurück nach Deutschland gehen.
Auf dem Dampfer *Choising* setzte man nun die Reise nach Westen fort. Vor Hodeida wollten die *Emden*-Leute den Dampfer verlassen und mit seinen vier größten Booten an Land gehen. Dem Landungszug hatten sich noch Leutnant z. S. d. R. Geerdts vom Dampfer *Kleist* und der Schiffsarzt Dr. Lang von der *Choising* angeschlossen. Am 9. Januar 1915 ankerte der Dampfer nordöstlich von Ras Mujamela. Mit vier Booten, den Maschinengewehren und nötigem Proviant begab sich der aus 51 Mann bestehende Landungszug in Richtung Hodeida. Die *Choising* lichtete den Anker und dampfte davon. Es war vereinbart, daß sie am nächsten Tag die Landungsstelle erneut aufsuchen solle, falls bestimmte Umstände das Einschiffen wieder erforderlich machten. In der nächsten Nacht war sie wieder zur Stelle, konnte aber entlassen werden. Weisungsgemäß lief die *Choising* den Hafen von Massaua im neutralen Italienisch-Somaliland an. Nach mehr als einem Jahr Liegezeit wurde sie 1916 von den italienischen Behörden beschlagnahmt.

Abenteuer Arabien

Vier Boote, voll beladen, zogen unter Segeln an der arabischen Küste entlang. In der Ferne konnte man elektrische Lichter sehen. Das mußte Hodeida sein. Im Morgengrauen zeigte sich, daß die Lichter vier Schornsteine hatten und Geschütze trugen. Es war der französische Panzerkreuzer *Desaix*. Unentdeckt schlichen die grauen Boote an ihm vorbei. Ein arabisches Fischerboot kam in Sicht. Auf Fragen erklärten die Fischer, daß Hodeida voll von Franzosen sei. Eine Nachricht, die allerdings nicht den Tatsachen entsprach. Der Irrtum beruhte auf Verständigungsschwierigkeiten. Die *Emden*-Männer sprachen fließend deutsch, die Fischer fließend arabisch.

Kurz vor Hodeida, die weißen Häuser waren in der Ferne sichtbar, ging der Landungszug von Bord. Es war eine schwere Arbeit, das ganze Gerät durch den Schlick an Land zu bringen. Ein bewaffneter Beduine kam auf einem Kamel geritten und deutete an, daß die Männer hier warten sollten. Kurze Zeit später kam er erneut, diesmal in Begleitung einer großen Zahl bewaffneter Beduinen. Sie schwärmten aus und bildeten eine Schützenlinie. Auch die deutschen Matrosen gingen in Deckung und bereiteten sich auf ein erstes Gefecht vor. Plötzlich traten einige unbewaffnete Araber hinter einer Sanddüne hervor. Von Mücke schnallte Pistole und Säbel ab, um ihnen langsam entgegenzugehen. Nach langen Versuchen in verschiedensten Sprachen erkannten die Beduinen auf einem gezeigten Goldstück das Bildnis des Deutschen Kaisers. Ihr lauter Ruf »Aleman« ließ auch die anderen aus ihrer Deckung kommen. Freudig begrüßten sie die deutschen Seeleute, halfen beim Tragen der Ausrüstung und geleiteten die Gruppe nach Hodeida. Dort hatte man bereits Kenntnis von der Ankunft der *Emden*-Männer erlangt. In der türkischen Kaserne waren die Quartiere schon hergerichtet.

Nun folgten lange Gespräche mit den Offizieren der türkischen Garnison. Von Mücke hatte die Absicht, nachdem er feststellen mußte, daß die Hedschas-Eisenbahn noch nicht bis Hodeida fuhr, mit den Booten entlang der Küste nach Norden zu fahren. Dies, so erklärten ihm die türkischen Soldaten, sei jedoch unmöglich, da die Engländer bei Kamaran eine totale Blockade des Roten Meeres errichtet hätten. Jede Sambuk (arabisches Boot) würde genau kontrolliert. Außerdem kreuze ein französisches Kriegsschiff vor Hodeida. Das Auslaufen des Landungszuges würde garantiert von einem der zahlreichen Spione verraten. Es bliebe lediglich der Landweg, auf dem man die Hedschas-Bahn in etwa zwei Monaten erreichen könne. Die türkischen Offiziere verschwiegen allerdings, daß der Landweg keinesfalls sicher war. Überall lauerten aufständische Araber, lehnten sich bewaffnete Beduinenstämme

gegen türkische Truppen und Christen auf. Warum dies verschwiegen wurde, bleibt ein Geheimnis. Möglicherweise wollte man den deutschen Soldaten gegenüber die eigene Machtlosigkeit nicht eingestehen.
Zunächst einmal versuchten die türkischen Militärbehörden, den Weitermarsch mit allen Mitteln zu verhindern. Als von Mücke immer fester auf seiner Absicht bestand, versuchten die Stabsoffiziere, ihn als Untergebenen zu behandeln. Sie forderten von ihm einen dienstlichen Bericht. Dies Ansinnen wies der Kapitänleutnant scharf zurück. Er habe lediglich seinen Vorgesetzten in Deutschland gegenüber eine Berichtspflicht. Auch Befehle nehme er nur von diesen entgegen, solange dies nicht möglich sei, gebe er die Befehle. Auch das Angebot, von der türkischen Armee besoldet zu werden, mußte er ablehnen, erbat sich jedoch einen Vorschuß auf Reichskosten und erhielt tatsächlich 150 Pfund türkisches Gold.
Am Mittwoch, dem 27. Januar 1915, war der Tag des Abmarsches gekommen. Zuvor hatte man gemeinsam mit den türkischen Verbündeten Kaisers Geburts-

In der Wüste. V.l.n.r.: Leutnant Wellmann, von Mücke, Dr. Lang, Leutnant Geerdts.

tag gefeiert. Drei Kranke und den Arzt Dr. Lang mußte man in Hodeida zurücklassen. Statt seiner wurde ihnen der etwas deutsch sprechende Stabsarzt Haschin-Bey zugewiesen. Nach einem Festessen und feierlichem Abschied, Militärkapellen spielten auf, setzte sich die Karawane in Bewegung. Erstes Ziel sollte die Regierungsstadt Sanaa sein.
Auf Pferden, Mulis und Eseln, das Gepäck auf Kamele geladen, zogen die deutschen Matrosen der Wüste entgegen. Viele saßen zum erstenmal in ihrem Leben auf einem Vierbeiner und gedachten voller Skepsis der alten Seemannsregel: »Ein Tier ist, wo dem Menschen nach dem Leben trachtet!«
Nach anstrengendem Marsch erreichte man am 6. Februar die Stadt Sanaa. Auch hier war man sehr gastfreundlich, die Verhandlungen über den weiteren Weg zogen sich jedoch endlos hin. Zwei Wochen dauerte es, bis feststand, daß ein Weiterkommen auf dem Landweg unmöglich war. Also wieder zurück nach Hodeida. Dafür könne man aber keine Reit- und Tragetiere zur Verfügung stellen. Geldmittel waren inzwischen auch knapp geworden. Wieder einmal kam ihnen das Glück zu Hilfe.
Ein pensionierter türkischer General stellte aus seinem Privatvermögen das nötige Geld zum Anmieten der Tiere zur Verfügung. Die Rückreise nach Hodeida konnte beginnen. Von Mücke beabsichtigte, an der Küste Sambuks zu mieten und wieder den vertrauten Wasserweg einzuschlagen. Über Zeitpunkt und Abfahrtsort setzte er einige Gerüchte in Umlauf, die auch prompt von Spionen weitergeleitet wurden. In den folgenden Nächten suchten Kriegsschiffe erfolglos einsame Buchten ab.

In Hodeida teilte er den Militärbehörden mit, daß er erneut den Landweg wählen wolle. Seine Männer setzte er mit einer Karawane in Bewegung. Tatsächlich waren jedoch zwei angemietete Sambuks in der Bucht von Jabana versteckt. Am 14. März 1915 hatten alle die Bucht erreicht. Zwei arabische Boote mit deutscher Kriegsflagge nahmen Kurs nach Norden auf.
Endlich wieder auf einem Schiff, dachten die Seeleute und verdrängten die Schrecken der Eselsritte in den letzten Wochen. Doch nun galt es, die englische Blockade im Roten Meer zu passieren. Die Sambuks mußten sich trennen, um anschließend an einem vereinbarten Treffpunkt hinter der Linie wieder gemeinsam weiterzusegeln.
Am 17. März kam es zu einem dramatischen Zwischenfall. Die Boote näherten sich der Insel Marka, die als Ankerplatz ausersehen war. Der arabische Lotse führte eine der Sambuks so ungeschickt, daß sie bei steifem Wind auf ein Korallenriff lief und augenblicklich sank. Lediglich die Mastspitze ragte noch aus dem Wasser. Nur mit großer Mühe gelang es, alle Schiffsbrüchigen in das andere Boot zu retten. Am nächsten Tag konnten freitauchende Matrosen die zwei Maschinengewehre aus der gesunkenen Sambuk bergen. Im völlig überladenen Boot ging die Fahrt weiter. Doch da zeigte Rasmus, daß er ein

Ein arabisches Sambuk.

Herz für die *Emden*-Männer hatte. Mit einer frischen südlichen Brise legte das Boot an einem Nachmittag eine Strecke zurück, für die man bislang sechs Tage gebraucht hätte. Am Abend erreichten sie Kunfidda, wo es bei gebratenem Hammel und Reis einen herzlichen Empfang gab.
Eine größere Sambuk wurde gemietet, die bequem die gesamte Mannschaft aufnehmen konnte. Am 24. März erreichte man Lidd, den nördlichsten Punkt der Farasanbank. Der Weg führte sie nun wieder über die offene See, die nächste Station sollte Jeddah sein.
Die erlangten Informationen waren jedoch wenig erbaulich. Die Engländer kontrollierten mit drei Kriegsschiffen jedes einlaufende Boot. Damit war es ausgeschlossen, Jeddah auf dem Seeweg zu erreichen. Man mußte wohl oder übel auf Wüstenschiffe umsteigen. Innerhalb von zwei Tagen hatte man eine Karawane zusammengetrieben.
Hier hatte der Landungszug auch seinen ersten Toten zu beklagen. Matrose Keil erlag einer Typhuserkrankung. Von seinen Kameraden wurde er auf See bestattet.

Am 28. März 1915 verließen die Männer mit einer Karawane von 90 Kamelen die kleine Stadt Lidd. Am 31. März, nach anstrengendem Marsch, erreichten sie eine Wasserstelle, die etwa eine Tagesreise von Jeddah entfernt lag. Dort wurden sie von einem Offizier und 24 Gendarmen empfangen, die von der türkischen Garnison geschickt waren. Gemeinsam bereitete man das Lager. Gegen 16.00 Uhr marschierte die Truppe weiter. Im Laufe der Nacht erschienen plötzlich 15 Beduinen, die in scharfem Ritt an ihnen vorbeizogen. Die Gegend war wegen ihrer Räuberbanden gefürchtet, was von Mücke veranlaßte, erhöhte Gefechtsbereitschaft anzuordnen. In den frühen Morgenstunden peitschten Schüsse hinter einem Sandhügel auf. Von den Schützen selbst war nichts zu sehen. Jetzt galt es, die Maschinengewehre in Stellung zu bringen. Als es hell wurde, konnte man auch die Stärke des Gegners erkennen. Auf den umliegenden Sandhügeln hatten etwa 300 Beduinen Stellung bezogen. Angriff ist die beste Verteidigung, war die Devise des Landungszuges. Im

Die Weite der arabischen Wüste, für Seeleute ein ungewohntes Terrain.

Sturm ging man gegen den Gegner vor, der so überrascht war, daß er zunächst die Flucht ergriff. Mit ihm auch das Gros der vierundzwanzig Gendarmen. Man sah sie später in Jeddah wieder.
Die Karawane wurde nun in mehrere Reihen gegliedert, die Maschinengewehre auf Kamele verladen. Zwei an der Spitze, zwei am Ende. Die Vorhut führte Leutnant Geerdts, die Nachhut Leutnant Schmidt, die Seitendeckung Leutnant Gyssling, die Karawane selbst führte Leutnant Wellmann. Langsam setzte sie sich in Marsch. Vom Gegner war zunächst nichts zu sehen. Die Ruhe schien aber trügerisch. Kurz darauf fielen wieder Schüsse. Kamele wurden getroffen, bald erreichte von Mücke die Meldung, daß die Nachhut am schlimmsten beschossen wurde. Matrose Rademacher sei gefallen, Leutnant Schmidt schwer verwundet. Es war nun notwendig geworden, sich zu verschanzen. Die Maschinengewehre konnten im Marsch nicht eingesetzt werden.
Wer könnte diese Situation treffender beschreiben, als Kapitänleutnant von Mücke, der unmittelbar nach den Ereignissen dem Reporter Emil Ludwig folgendes Interview gab:

»Plötzlich, am 1. April nachts, wird's unruhig. Ich ritt an der Spitze«, erzählt v. Mücke; »alle Schußwaffen waren klar, weil ein Überfall der Beduinen zu befürchten stand, die die Engländer hier bestochen haben. Wie es etwas hell wird, denke ich schon, für heute sind wir durch; denn wir waren müde, achtzehn Stunden geritten. Plötzlich sehe ich vor mir eine Linie aufblitzen, über uns weg wird geschossen. Runter von den Kamelen, Schützenlinie bilden! Sie wissen, wie schnell es hier Tag wird! Der ganze Umkreis des Wüstenhügels war besetzt! Also Seitengewehre aufgepflanzt! Sprung auf, marsch, marsch! Sie flohen, aber sie kamen wieder, diesmal von allen Seiten! Mehrere von den Gendarmen, die uns mitgegeben waren, verwundet; der Maschinengewehrschütze Rademacher fällt, durch einen Herzschuß getötet; ein anderer verwundet, Leutnant Schmidt bei der Nachhut tödlich verwundet, er hat einen Brust- und Bauchschuß erhalten.
Plötzlich schwenkten sie weiße Tücher. Der Scheich, dem ein Teil unserer Kamele gehörte, ging hinüber, um zu verhandeln, dann Sami Bey* mit seiner Frau. Währenddem bauten wir rasch eine Art Wagenburg, ein Kreislager aus Kamelsätteln, Reis- und Kaffeesäcken, die wir alle mit Sand füllten. Wir hatten keine Schaufeln und mußten mit Seitengewehren, Tellern und mit den Händen schaufeln. Der ganze Burgwall hatte etwa einen Durchmesser von fünfzig Metern. Dahinter legten wir Schützengräben an, die wir noch während des Gefechtes vertieften. Die Kamele im Innern mußten liegen und dienten sehr gut als Deckung für die Rückseite der Schützengräben. Dann wurde ein innerer Wall gemacht, hinter den wir die Kranken trugen. Ganz in der Mitte gruben wir auch zwei Flakons Wasser ein, um sie vor Schüssen zu schützen. Außerdem hatten wir noch weitere zehn Petroleumtins voll Wasser, im ganzen für vier Tage.

---

* Anmerkung: Seit einiger Zeit wurde der Landungszug von Sami Bey und dessen Frau begleitet. Er fungierte als »Reisemarschall«. Ihre Orts- und Sprachkenntnisse halfen bei vielen schwierigen Situationen.

Spät abends kommt Samis Frau von der Unterhandlung zurück, bleich, allein: die Kerls hätten alle Waffen verlangt und tausend Pfund englisches Gold! Ich lachte und sagte: ›Geld haben wir nicht, und die Waffen, die sollten sie sich freundlichst hier abholen: wir sind Deutsche!‹ Sie hatte sich zum ersten und einzigen Male an diesem Tage des Gefechts entschleiert, sie hat Patronen verteilt und sich tadellos gehalten.
Später konnten wir auch die Zahl der Feinde ungefähr feststellen, es waren gegen 300 Mann, wir waren 50, mit 29 Gewehren. Nachts starb Leutnant Schmidt. Wir begruben ihn mitten im Lager. Das Grab mußten wir mit den Händen und mit Seitengewehren schaufeln und darüber jede Spur verlöschen, zum Schutze des Leichnams. Rademacher und Lanig waren gleich nach dem Gefecht beerdigt worden, beide lautlos, mit allen Ehren.
Die Verwundeten hatten's schwer. Die Kiste mit den Medikamenten hatten wir beim Schiffbruch verloren, nur Gefechtsverbandpäckchen, aber keine Sonde, keine Schere waren da. Am anderen Tage kamen unsere Leute mit dicken Zungen, fiebernd, und riefen: ›Wasser, Wasser!‹ Jeder bekam aber nur dreimal des Tages einen kleinen Becher voll. Ging das Wasser aus, dann mußten wir aus der Burg heraus und uns durchschlagen. Dann wären wir an der Übermacht kaputt gegangen. Die arabischen Gendarmen freilich, die schnitten einfach den angeschossenen Kamelen den Hals durch und tranken dann das gelbe Wasser, das in den Mägen enthalten war. Die Kerls vertragen ja alles! Nachts schleppten wir immer tote Kamele heraus, die als Deckung gedient hatten und erschossen worden waren. Dann kamen Hyänen heran, die suchten die toten Kamele. Eine habe ich erschossen, weil ich sie im Dunkeln für einen Feind hielt.
Das ging so zwei und drei Tage. Am dritten Tage neue Unterhandlungen. Diesmal erfolgte die Verhandlung über den Burgwall weg. Jetzt fordern die Beduinen keine Waffen mehr, nur noch Geld. Als ich ablehnte, rief der Beduine: ›Beaucoup de combat!‹ Ich sagte: ›Bitte los!‹ Wir hatten nur noch wenig Munition und sehr wenig Wasser. Jetzt sah es tatsächlich aus, als ob wir bald erledigt wären. Die Stimmung war ziemlich flau. Plötzlich tauchen gegen zehn Uhr morgens von Norden her zwei Kamelreiter auf und schwenken weiße Tücher. Bald darauf kommt aus derselben Richtung weit hinten eine lange Reihe von Kameltruppen, etwa hundert; sie nähern sich rasch, reiten singend auf uns zu, in malerischem Aufzug. Das waren die Boten und Truppen des Emirs von Mekka.
Sami Beys Frau hatte nämlich während der esten Verhandlung einen Araberjungen von Dschidda abgeschickt. Dort hatte der Gouverneur an den Emir telegraphiert. Dieser schickte Kameltruppen mit seinen beiden Söhnen und seinem Leibarzt; der ältere, Abdullah, führte die Verhandlungen; der Leibarzt vermittelte in französischer Sprache. Jetzt ging es eins, zwei, drei, – da war die Bande verschwunden! Aus dem, was ich nachher erfuhr, weiß ich mit Bestimmtheit, daß sie von Engländern bestochen waren. Sie wußten, wann und wo wir kommen würden, und hatten alles vorbereitet. Jetzt war das erste: wir stürzten uns auf Wasser und tranken uns halbtot. Dann räumten wir das Lager zusammen, mußten aber selbst die Kamele aufzäumen, denn die Kameltreiber waren gleich zu Anfang des Gefechtes davongelaufen. Über dreißig Kamele waren tot. Die Sättel paßten nicht, und meine Leute verstehen wohl Schoner aufzutakeln, aber keine Kamele. Viel Bagage blieb mangels Tragetieren im Sande liegen.

Dann sind wir unter sicherem Schutze türkischer Truppen glatt nach Dschidda gekommen. Dort nahmen uns die Behörden auf. Von dort ging's in neunzehn Tagen ohne Unfall per Segelboot nach El-Wesch und unter Schutz mit Suleiman Pascha in fünftägiger Karawane hierher nach El-Ula, und jetzt sitzen wir endlich in der Bahn und fahren nach Deutschland. . .«

Ankunft des Landungszuges auf dem Bahnhof Haidar-Pascha.

Die Rückkehr der »Emden«-Mannschaft.

Im Bahnhof von El-Ula war schon alles vorbereitet. Ein Sonderzug wartete nur noch auf das Abfahrtssignal. Reporter waren erschienen, unter ihnen der bekannte Berichterstatter Emil Ludwig, dessen Interview die vergangenen Erlebnisse schilderte. Was für ein Luxus erwartete die Männer, angesichts der Entbehrungen der letzten Monate: Saubere Kleidung ohne lästige Mitbewohner, kühler Rheinwein, frisches Obst und vor allem Post aus der Heimat. In den bequemen, roten Polstern der Hedschas-Bahn zog die Landschaft malerisch an ihnen vorüber. Über Damaskus, Aleppo, durch Kleinasien nach Konstantinopel ging ihre Reise.

Am Pfingstsonntag, dem 23. Mai 1915, hatten sie den Bahnhof Haidar-Pascha erreicht. Dort empfing sie der Chef der deutschen Mittelmeerdivision und gleichzeitig Oberbefehlshaber der türkischen Flotte, Admiral Souchon. Nun zeigte sich, daß niemand etwas verlernt hatte. In Windeseile war der Landungszug angetreten. Die Flagge, an einen Bootshaken genagelt, wehte zum letzten Mal in der Halle des türkischen Bahnhofes. Sie war den Männern treuer Begleiter auf S.M.S. *Emden,* wehte auf dem Kutter, der sie nach Cocos-Island brachte, pfiff im Topp der *Ayesha,* machte den Dampfer *Choising* für kurze Zeit zu einem deutschen Kriegsschiff, begleitete sie auf Sambuks im Roten Meer und in Sandstürmen der arabischen Wüste. Nun sollte sie ausgedient haben, als Kapitänleutnant von Mücke dem Admiral seine Meldung machte:

Melde gehorsamst, Landungszug S.M.S. *Emden* in Stärke von fünf Offizieren, sieben Unteroffizieren und siebenunddreißig Mann zu Stelle!

Folgen der Faszination

Man muß sicherlich kein Schiffahrts-Historiker sein, um vom Geschehen um den Kleinen Kreuzer *Emden* nachhaltig beeindruckt zu werden. Einer der Autoren, KTB, vertiefte sich bei seinen Studien so sehr in Details der *Emden*-Historie, daß er beim Lesen der Besatzungsliste auf den Namen Debelius stieß. Den in Deutschland relativ seltenen Namen trägt ein Freund von ihm. Dieser (HD) hatte bereits einen ganz anderen Bezug zum marinen Lebensraum, indem er Bücher schrieb, die der taxonomischen Zuordnung und Bestimmung von Meerestieren dienen. Zwischen den beiden Engagements der Autoren gab es bis dahin keine Verbindung. Man wird es kaum erraten, aber das änderte sich bald. Da die weitere Geschichte um den Korsaren-Kreuzer *Emden* von persönlichen Erlebnissen geprägt ist, wird im Verlauf dieses Buches ab und an die persönliche Rede Vorrang erhalten:
»Mit der Frage ›Ist das ein Verwandter von Dir?‹ zeigte mir KTB vor Jahren die Besatzungsliste des Kleinen Kreuzer *Emden*. Die Schreibweise meines Namens war zwar korrekt, dennoch konnte ich ihm keine konkrete Auskunft geben. Da

Obermaschinistenmaat Wilhelm Debelius in der »Emden«-Uniform Anfang der zwanziger Jahre (rechts).
Unten: Bei einer Familienfeier zu Beginn der dreißiger Jahre (zweiter von links in der unteren Reihe).

gab es zwar eine Familienlinie, die zur See gefahren war, aber die Kontakte zu ihr waren abgebrochen, nachdem der letzte Nachfahre verstorben war. So die Auskunft meiner Eltern. Neugierig geworden, war es dann für mich nicht schwierig, den in der *Emden*-Liste aufgeführten Maschinistenmaaten Wilhelm Debelius, Unteroffizier der Zweiten Werftdivision Wilhemshaven, als Bruder meines Großvaters zu identifizieren. Es fanden sich in den Familienalben sogar Fotos meines Großonkels in Marineuniform mit dem Mützenband *S.M.S. Emden.*
1889 geboren, war Onkel Wilhelm erst 25 Jahre alt, als er an der Kaperfahrt der *Emden* teilnahm. Meine Nachforschungen ergaben aber auch, daß er beim letzten Gefecht einen Lungenriß davongetragen hatte. Als Folge dieser Verletzung war er bereits in den dreißiger Jahren in Norddeutschland verstorben, ohne Nachkommen hinterlassen zu haben. Nach solchen Beziehungspunkten zur *Emden* las ich mich ebenfalls in die Literatur ein, gleichermaßen fasziniert vom Mut und der Pfiffigkeit der *Emden*-Crew!

Zu dieser Zeit arbeitete ich bereits an dem Buchprojekt ›Fischführer Tropischer Indischer Ozean‹ und hatte den westlichen Teil des drittgrößten Ozeans der Erde an vielen Stellen betaucht und die Fische fotografiert. Der Blick auf die Karte verriet mir, daß die Cocos-Keeling-Inseln ein idealer Platz sein müßten, um die Unterwasserwelt des östlichen Indiks zu dokumentieren. Den Entschluß, sobald wie möglich dort zu tauchen, forcierte natürlich die Lage des *Emden*-Wracks. An diesem Relikt bewundernswerter deutscher Marinegeschichte mußte ich getaucht haben! Sonst hätte mich wohl KTB nie wieder angeschaut. Die Inseln wurden mir immer vertrauter, doch wie sollte ich dorthin gelangen?

Die Ermittlungen in 1987 ergaben:
›Die Cocos-Keeling-Inseln liegen 12° 12'S, 96° 56'0 auf einer angenommenen Linie zwischen West-Australien und Sri Lanka im offenen Indischen Ozean. Es gibt keine Schiffsverbindungen dorthin. Im Süden liegt ein Atollring von 25 kleinen Inseln, von denen wenige bewohnt sind (South-Keeling). 30 km nördlich liegt eine einzelne größere Insel (North-Keeling) und nahe dabei das *Emden*-Grab. Auf South-Keeling gibt es eine Landebahn für Flugzeuge zur Versorgung der dort lebenden weißen Australier und australischen Malayen. Laut Australien Airlines kostet der Charterflug Perth – Cocos und zurück immerhin Austr. Dollar 62000.- (!)‹«

Turbulente Historie der Cocos-Keeling-Inseln

Gibt es im Indischen Ozean ein abgelegeneres Stück Land als diese Inseln? Kaum. Nur bei genauem Hinsehen kann man sie auf der Landkarte inmitten der riesigen Wasserwüste entdecken. Wie kommt es, daß die Cocos-Keeling-Atolle heute zu Australien gehören, wo sie doch z. B. von den nächsten Metropolen, wie Perth in West-Australien 2768 km oder Darwin in Nord-Australien 3685 km entfernt liegen? Wer waren die Entdecker und Besiedler dieses Außenpostens fernab jeglicher Zivilisation?

Die eigentliche Entdeckung schreibt man Captain William Keeling von der Ostindischen Kompanie im Jahre 1609 zu. Historiker verbinden die unverzügliche Kartierung des Atolls mit seiner Reise von den Holländisch-Ostindischen Inseln (heute Indonesien) zurück in die niederländische Heimat. Allerdings befremdet es, daß William Keeling diese ungewöhnliche Entdeckung in seinem Reisetagebuch nicht erwähnt hat. Andererseits gibt es keinen Zweifel daran, daß diese Inseln zuvor unbekannt waren. In dem bis dahin umfassendsten geografischen Werk »Theatrum orbis Terrarum«, publiziert 1606 in Amsterdam, sind sie noch nicht erwähnt.

Von 1622 existiert eine Handzeichnung von Hessel Gerritsz, aber erst in einem weiteren, 1659 in Amsterdam erschienenen Atlas spricht man offiziell von den Cocos Eylanden.
Einige Seefahrer haben versucht, sie zu finden, wie z. B. der berühmte William Dampier 1688 auf dem Weg nach Sumatra. Aber heftige Winde ließen ihn vom Kurs abkommen. Immerhin entdeckte er dabei die Weihnachts-Inseln, 900 km nordöstlich gelegen. Der englische Hydrograf Thornton nennt in seiner 1703 erschienenen »Oriental Navigation«, die Keeling-Inseln, aber die erste detaillierte Beschreibung wurde in Van Keulen's holländischer »Zeefakkel«, 1753 publiziert. Beschrieben wird die Lagune im Südatoll und der von Kokospalmen überwachsene Inselkreis drumherum. Der Name »Cocos-Keeling-Inseln« etablierte sich dann durch den Briten James Horsburgh, der genaue Seekarten dieser Gewässer im Jahre 1805 anfertigte. Trotzdem waren die Inseln ein großes Problem für die Seefahrer im 19. Jahrhundert.
Die französische *Mauritius* strandete 1825 hinter Direction Island und ihre Besatzung unter Captain Le Cour wurde erst einige Monate später gerettet. 1826 ereilte das gleiche Schicksal die britische *Sir Francis Nicholas Burton* unter Verlust vieler Menschen, und 1834 erging es der *Earl of Liverpool* nicht anders. Um die Abgelegenheit der Inseln noch besser zu charakterisieren, sei der

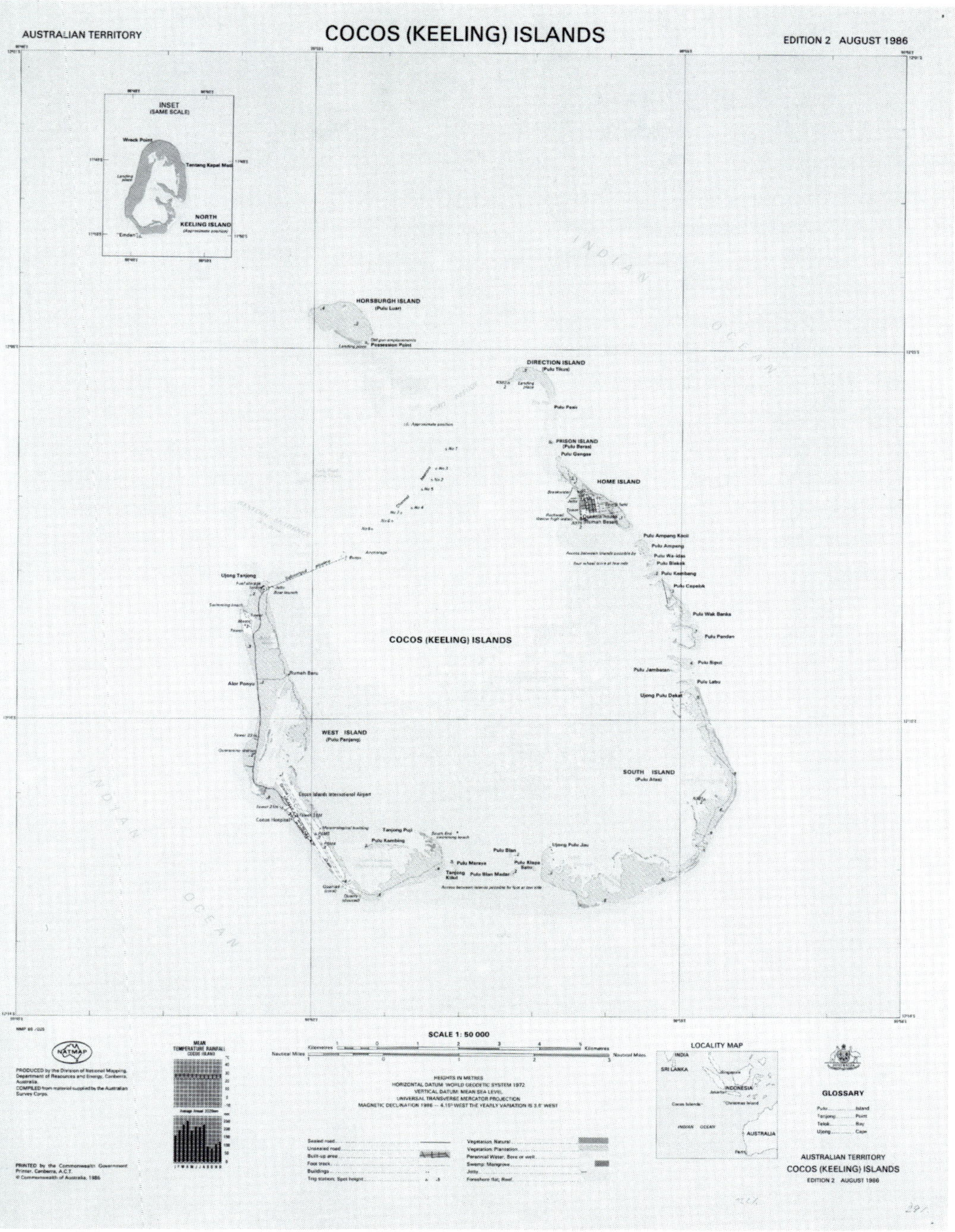
AUSTRALIAN TERRITORY
COCOS (KEELING) ISLANDS
EDITION 2 AUGUST 1986
INSET (SAME SCALE)
Wreck Point
Tanjang Kapal Mati
NORTH KEELING ISLAND
HORSBURGH ISLAND
(Pulu Luar)
Possession Point
DIRECTION ISLAND
(Pulu Tikus)
Pulu Pasir
PRISON ISLAND
(Pulu Beras)
Pulu Gangsa
HOME ISLAND
Pulu Ampang Kecil
Pulu Ampang
Pulu Wa-idas
Pulu Blekok
Pulu Kembang
Pulu Cepelok
Pulu Wak Banka
Pulu Pandan
Pulu Siput
Pulu Jambatan
Pulu Labu
Ujong Pulu Dekat
Ujong Tanjong
COCOS (KEELING) ISLANDS
Rumah Baru
Alor Ponyo
WEST ISLAND
(Pulu Panjang)
SOUTH ISLAND
(Pulu Atas)
Cocos Islands International Airport
Tanjong Puji
Pulu Kambing
Ujong Pulu Jau
Pulu Blan
Pulu Maraya
Tanjong Kikai
Pulu Blan Madar
Pulu Klapa Satu
INDIAN OCEAN
INDIAN OCEAN
SCALE 1: 50 000
Kilometres
Nautical Miles
NATMAP
LOCALITY MAP
INDIA
SRI LANKA
INDONESIA
Cocos Islands
Christmas Island
INDIAN OCEAN
AUSTRALIA
GLOSSARY
AUSTRALIAN TERRITORY
COCOS (KEELING) ISLANDS
EDITION 2 AUGUST 1986

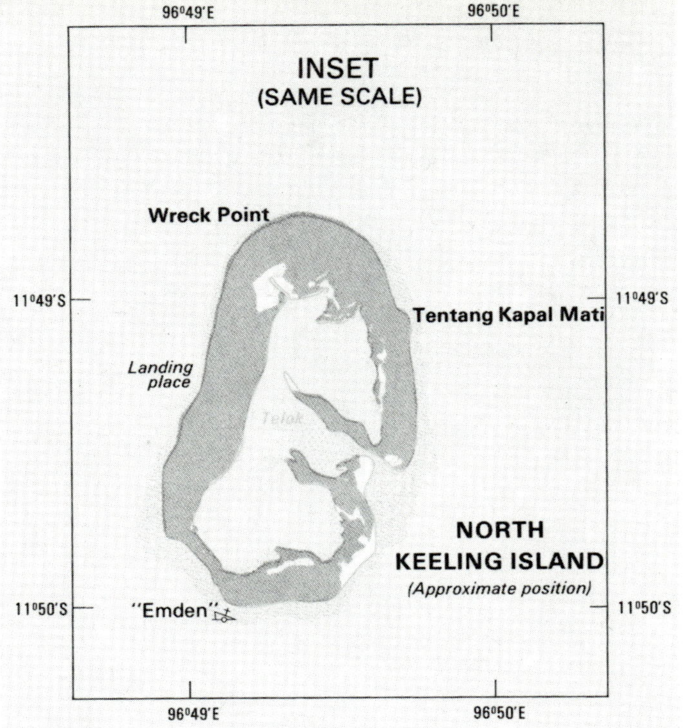

Karten der Cocos-Keeling-Atolle.

Bericht der Leute von der holländischen *Anna Paulowna* erwähnt, die von Batavia 1827 ausgesandt worden waren, um die Cocos-Keeling-Inseln zu erforschen, nur . . . dem Kommandanten war es unmöglich, sie zu finden!
Zum Verständnis der Besiedelung der Cocos-Keeling-Inseln ist es notwendig, das politische Klima in Europa und in Südostasien während dieser Zeit zu betrachten. Die Napoleonischen Kriege rissen Europa auseinander, und die Briten versuchten die Kontrolle über die niederländischen Kolonien zu erhalten, damit diese nicht in französische Hände fielen. Die britische Besetzung wurde von Stanford Raffles und Alexander Hare geplant und durchgeführt. Mit Unterstützung des Sultans wurde Raffles 1811 Britischer Gouverneur von Java, und Hare schaffte es kurz darauf, Politischer Commissioner von Borneo zu werden. Die Eingeborenen nannten ihn den ersten »White Rajah« (Weißer König). Zum »House of Hare« gehörte zu dieser Zeit der schottische Seefahrer John Clunies-Ross, den er zum Hafenmeister von Banjarmasin ernannte. Aber schon 1814 änderte sich die politische Lage, denn die Engländer gaben den Holländern ihre Kolonien in Südostasien zurück. Hare war bitter enttäuscht von der britischen Regierung, und bald versagte ihm auch der Sultan weitere Unterstützung. Wegen seiner angeschlagenen Gesundheit sah er sich gezwungen, nach Südafrika umzusiedeln und hinterließ Clunies-Ross die Aufgabe, sein Eigentum zu sichern. Die Holländer boten ihm als Zuflucht die Java vorgelagerten Inseln an und so siedelten sich Hare und sein Gefolge (incl. leibeigener Malayen) nach einigen Umwegen letztendlich 1826 auf Cocos-Keeling an.

Hare wollte eigentlich nur vorübergehend bleiben und hoffte, in absehbarer Zeit zu seinem ehemaligen Besitz auf Borneo zurückkehren zu können. In London war das »House of Hare« in größten finanziellen Schwierigkeiten, so daß die Brüder von Alexander Hare John Clunies-Ross nach Cocos-Keeling sandten, damit ihr Bruder umgehend zurückkehre und dieser die leibeigenen Malayen und die Kokos-Plantagen beaufsichtige. Alexander Hare hatte inzwischen West-Horsburgh und Direction-Island kultiviert und produzierte Kokosöl. Weil er aber Clunies-Ross nicht traute, verweigerte er sich dem Ruf seiner Brüder und blieb noch bis 1831 auf den Inseln. Als bald nach der Abreise Alexanders die Nachricht von seinem Tod eintraf, übernahm der Schotte Clunies-Ross die Herrschaft über die Cocos-Keeling-Inseln.

Die Clunies-Ross-Insel »Home-Island«. Der helle Fleck rechts neben dem Kampong ist »Oceania House«.

Clunies-Ross-Feudalismus bis ins 20. Jahrhundert

Bis zu diesem Zeitpunkt hatten viele Landsleute von Clunies-Ross die einsamen Inseln wieder verlassen, so daß neben den 150 malayischen Sklaven nur noch 10 Europäer übrig blieben. 1834 siedelte sich John Clunies-Ross auf Home-Island an und baute die heute noch existierende Residenz der Sippe, die aber zwischenzeitlich durch Aufstände und Stürme erheblich beschädigt wurde. Mit einem anderen schottischen Seemann lehrte er die Sklaven den Schiffbau und baute den Schoner *Harriet,* mit dem ganze Kokosnüsse nach Mauritius und Singapur verschifft wurden. Nach Java verbrachte er gezielt sein Kokosöl, weil dort der beste Markt dafür war. Die Geschäfte liefen gut, so daß er bereits 1837 seine Investitionen heraus hatte. Einnahmen gab es auch von Walfängern, die auf ihren Reisen in die Antarktis auf Cocos-Keeling Station machten.

Diese Männer berichteten in England von dem allzu streng regierenden Inselherrn, der keine Opposition duldete. Schon bald wurde vom britischen Ceylon eine Kommission geschickt, die aber John Clunies-Ross ein gutes Zeugnis ausstellte. Immerhin wurde eine bessere Bezahlung der Cocos-Arbeiter durchgesetzt. Des Machthabers dringendster Wunsch nach britischer Hoheit für Cocos-Keeling ging nicht in Erfüllung: Man hatte offensichtlich kein Interesse am kleinen Außenposten! Captain Ross' Sohn John George reiste nur einmal als Kind nach England und verbrachte seine Jugend auf Java, was ihm die holländische Staatsangehörigkeit verschaffte. Später heiratete er eine Javanesin. Aufgrund dieser Entwicklung und der guten Handelsbeziehungen mit Java beflaggte der alte John Clunies-Ross 1841 die Inseln mit der niederländischen Fahne. Als das in Holland bekannt wurde, untersagte man es ihm schnellstens. Kein Staat wollte die Cocos-Inseln haben. . .

Nach dem Tod seines Vaters 1854 übernahm John George das problematische Erbe. Keiner auf der Insel wollte es so recht glauben, als 1857 ein Schiff des britischen Colonial Office ankerte und die Cocos-Keeling-Inseln offiziell annektierte. Unter großen Feierlichkeiten verteilte Captain Fremantle Urkunden und Posten. Dabei war seine Mission eine Häufung von Fehlern: Er war ausgesandt worden, die Cocos-Inseln in den Andamanen für Großbritannien zu erobern, fuhr aber versehentlich nach Cocos-Keeling und machte John George Clunies-Ross zu einem glücklichen Mann!

Die Annexion gab den Siedlern jetzt den notwendigen Impetus, die Kokosnuß-plantagen ernsthaft weiterzuentwickeln. John George begann nunmehr,

Arbeitskräfte von Java zu importieren, meist in Haft sitzende Kriminelle oder andere Gefangene, weil keiner auf die abgelegenen Inseln wollte. John George beschrieb diese Leute als »zu jeder Schandtat fähig«. Sie lebten getrennt von den Malayen in eigenen »Kampongs« und wurden so gut wie möglich bewacht. Am meisten wurde Brandstiftung gefürchtet, so daß die Malayen bewaffnete Wächter aufstellten und jegliches Feuer nach Sonnenuntergang verboten. Viele Gefangene verschwanden einfach und wurden heftig bestraft, wenn man sie wiederfand. Alle Boote wurden numeriert und an festen Plätzen verankert. Trotz des strengen Clunies-Ross spielten sich in den folgenden 20 Jahren seiner Herrschaft einige Dramen ab. Es kam zu Aufständen, Plünderungen und sogar zu Morden, schließlich wurde auch das Herrenhaus auf Home-Island schwer beschädigt.

Das erste, was George Clunies-Ross nach dem Tod seines Vaters 1871 veranlaßte, war die Beendigung der Zwangsarbeit. Inzwischen war es möglich geworden, bantamesische Kulis mit Geldversprechungen nach Cocos-Keeling zu locken. Die Wirtschaft wurde aber in den folgenden Jahren durch heftige Zyklone zurückgeworfen.

1876 zerstörte ein Zyklon mehr als die Hälfte der Kokosplantagen. Mit enormer Energie baute George auf den Inseln und importierte sogar schottische Ziegel zum Hausbau. Sie stellen noch heute die Grundmauern der Clunies-Ross-Residenz dar. Der Schiffbau machte große Fortschritte, so daß George erstmals 1885 mit einem selbstgebauten Schoner nach England und zurück segelte. Die Inselbewohner und die rekrutierten Bantamesen allerdings bekamen vom Aufschwung nicht sehr viel ab:

Als Zahlungsmittel wurde auf Cocos-Keeling nur das vom Feudalherren ausgegebene Inselgeld anerkannt.

Die Arbeit war zum Teil unmenschlich hart und die Bezahlung (in Form von Inselgeld) nicht der Rede wert. Aufgrund fehlender medizinischer Versorgung starben viele Malayen an Beriberi. Insbesondere die Kindersterblichkeitsrate war hoch. Da ist es nicht verwunderlich, daß Inselbewohner immer wieder versuchten, zu fliehen. Als dies 12 Bantamesen mit einem gestohlenen Boot nach 45 Tagen auf See bis Java gelang, reagierte George sofort: Jedes Ruder eines jeden Schiffes hatte bei Anbruch der Dunkelheit bei ihm abgegeben zu werden! Um die Jahrhundertwende lebten 615 Menschen auf den Cocos-Keelings, davon 188 Bantamesen. Doch aller wirtschaftlicher Erfolge von George Clunies-Ross endete abrupt 1909: Ein verheerender Zyklon vernichtete 90 Prozent aller Palmen. Nur 5 von 110 Häusern blieben stehen, sogar Oceania House, die Residenz der Sippe, wurde schwer beschädigt. Diesen Rückschlag verkraftete der Inselherrscher nicht und starb ein Jahr darauf.

Cocos-Keeling-Inseln: Stützpunkt der Weltkommunikation

Bis zur Jahrhundertwende sahen die Inselbewohner kaum einmal Menschen von außerhalb. Ihre Kontakte waren begrenzt auf Regierungsbeamte, Schiffbrüchige oder Besatzungen vorbeikommender Schiffe. 1901 baute die »Eastern Extension Telegraph Company« eine Relay-Station auf Direction-Island für ihr weltweites Unterwasserkabelnetz. Zusätzlich installierte man dort 1910 eine drahtlose Funkeinrichtung, um die Kabelstation in regelmäßigen Kontakt zu vorbeifahrenden Schiffen zu bringen. Dieses obskure Korallenatoll war jetzt dazu bestimmt, ein lebenswichtiges Glied in der Weltkommunikation des beginnenden 20. Jahrhunderts zu werden! Ein Unterwasserkabel wurde nach Südafrika, ein anderes nach Singapur und ein drittes nach Perth in West-Australien verlegt. Die Company mietete mehr als die Hälfte von Direction-Island und baute einige Bungalows und Büros darauf. 40 Leute arbeiteten schließlich dort, die Hälfte von ihnen Chinesen aus Singapur. Auch ein Arzt wurde beschäftigt.
George Clunies-Ross, der durch diese Ansiedlung seinen Wohlstand mehren konnte, war der mögliche Einfluß dieser Leute auf seine Leibeigenen wohl bewußt. So begrenzte er alle Kontaktmöglichkeiten untereinander. Insbesondere den Europäern war es verboten, die einheimischen »Kampongs« zu besuchen.

Die Residenz der Clunies-Ross-Sippe auf Home-Island, Oceania House.

Großzügig lud er sie aber in sein Oceania House ein. Alle Cocos-Malay-Arbeiter, die auf Direction etwas zu tun hatten, wurden streng abgeschirmt. Ein Mord unter den Chinesen war für ihn dann Anlaß, eine eigene Gerichtsbarkeit aufzustellen. Die angedrohten harten Strafen sprachen für sich. Nach dem Tod von George Clunies-Ross hatte sein Sohn Sydney bald Gelegenheit, einen Mord auf Home-Island zu sühnen. Zwei Malayen wurden für schuldig befunden, einen Landsmann umgebracht zu haben. Umgehend wurden sie im Ozean hinter Horsburgh ertränkt, versehen mit schweren Gewichten um ihre Füße. Der junge Cocos-Keeling-Herrscher setzte die Tradition seiner Vorfahren angemessen fort.

Weltbekannt aber wurde Cocos-Keeling erst nach Beginn des Ersten Weltkrieges, als der zu Ruhm bei Freund und Feind gelangte deutsche Kleine Kreuzer *Emden* hier sein Ende fand. Wie wertvoll die Schiffbaukünste der Clunies-Ross-Sippe für den deutschen Kriegsgegner sein würde, konnte man beim Bau der *Ayesha* noch nicht ahnen. Die beiden Söhne von Sydney Clunies-Ross waren auf Direction-Island, als von Mückes Landungstrupp am Morgen des 9. November 1914 die Kabelstation zustörte und wurden Zeugen, als die Deutschen mit ihrem Kopratransporter *Ayesha* auf Nimmerwiedersehen verschwanden.

Cocos-Keeling blieb nach diesem dramatischen Tag noch eine Weile im Weltgespräch. Augenzeugen von Direction-Island berichteten über die bald reparierten Kabel in der Weltpresse und schilderten die Ereignisse aus ihrer Sicht und erzählten von der verblüfften Crew des Kreuzers *Sydney,* als diese vergeblich nach den Deutschen auf der Insel suchte. Schließlich wurden die Bediensteten der »Eastern Extension Telegraph Company« auf Direction-Island in aller Öffentlichkeit für ihr vorbildliches Verhalten und die Reaktion nach Erkennen des Feindschiffes vor ihrer für den Commonwealth so bedeutenden Kabelstation hoch dekoriert.

Sydney Clunies-Ross hatte während des Ersten Weltkrieges und danach genug damit zu tun, die Schäden des 1909-Zyklons auf allen nunmehr besiedelten Inseln im South-Keeling-Atoll beseitigen zu lassen. Für den erforderlichen Finanzaufwand war eine wirtschaftliche Rezession nach dem Krieg nicht gerade förderlich. Da half auch nicht die Tatsache, daß er sich rechtzeitig beim Phosphat-Abbau auf Christmas-Island eingekauft hatte und hier noch Gelder freimachen konnte. Bis 1940 war die Inselbevölkerung auf 1450 Menschen angestiegen und die Essensversorgung wurde nach Ausbruch des Zweiten Weltkrieges immer schwieriger. Versorgungsschiffe fielen aus, so daß oft das Grundnahrungsmittel Reis fehlte und man sich von Kokosmehl und Fisch ernähren mußte.

Dem jetzigen Herrn der Cocos-Inseln, Sydney Clunies-Ross, fehlte die Energie seines Vaters und dessen Interesse am Grundbesitz. Er hielt sich oft in England auf und überließ Managern die Aufsicht über seine Plantagen. Er konnte von Glück reden, daß aufgrund einer unbedachten Äußerung gegenüber der Presse nicht die Britische Anti-Sklavenliga wegen der Zustände auf Cocos-Keeling einschritt. Der Kriegsbeginn lenkte sie davon ab. Zum Schutz der Kabelstation vor den Japanern hatte sich ceylonesische Artillerie auf Horsburgh-Island eingenistet. Eine Kompanie ceylonesischer Infanterie war zum gleichen Zweck auf Direction-Island abkommandiert worden. Mit Schrecken registrierte die Inselbevölkerung die Nachricht, daß im Februar 1942 Singapur den Japanern zum Opfer gefallen war. Und schon bald danach erschien ein japanisches Schlachtschiff und bombardierte die Kabelstation. Glücklicherweise täuschten die hohen Feuer den Japanern vor, daß sie die Station unbrauchbar gemacht hätten. Die Briten bestätigten des Feindes Ansicht, und so blieb die Kabelstation für den Rest des Krieges unbehelligt. Dafür flogen die Japaner in den nächsten drei Kriegsjahren aber regelmäßig Luftangriffe vom besetzten Java aus. Einer der heftigsten Bombardierungen fielen 27 Häuser und mehrere Menschen im August 1944 zum Opfer. Kurz danach starb Sydney Clunies-Ross.

Die Kabelstation auf Direction-Island, der Grund für die »Emden«, Cocos-Keeling anzulaufen.

Cocos-Keeling erneut im Blickpunkt

Der Konflikt im asiatischen Raum veranlaßte die Allierten, nach einer Air Base im Indischen Ozean zu suchen. Im März 1945 begann die »Operation Küchenschabe«, indem ein 2000 Yard langer Landestreifen auf West-Island erbaut wurde. Tausende von Kokospalmen wurden gefällt und von Bulldozern ins Meer geschoben – zum Erstaunen der Cocos-Malayen, die zum ersten Mal moderne Technologie im Einsatz sahen. Die Landebahn war in zwei Monaten fertiggestellt und schon im Mai 1945 landeten die ersten Alliierten, um im Kampf gegen Japan nachzutanken. Zu dieser Zeit lebten 8300 Soldaten auf dem Atoll! Auch der Druck aus dieser Richtung war dann dafür entscheidend, daß Japan sich im September 1945 ergab. Die Landebahn wurde im Februar 1946 geschlossen, nachdem alles Militär wieder abgezogen war.

Nach diesem ereignisreichen Jahr brachen schwierige Zeiten für die Inselbevölkerung an: Sydney Clunies-Ross hatte sehr spät geheiratet und seine Söhne waren noch zu jung, um die Verantwortung zu übernehmen. Es wurde viel über die Zukunft debattiert, als Mrs. Clunies-Ross 1946 mit ihrem ältesten Sohn John Cecil von England auf die Inseln heimkehrte. Sie konnte der Bevölkerung keine ausreichende Arbeit anbieten und riet zur Auswanderung auf das asiatische Festland. Das »Colonial Office« in London erkannte die Problematik, war aber nicht in der Lage, wirtschaftliche Hilfe zu gewähren.

Die Einstellung eines verhaßten Managers forcierte die Auswanderungen, so daß 1951 nur noch 350 Cocos-Malayen übrig blieben. John Cecil Clunies-Ross konnte diese auch nur halten, indem er ihnen neue Häuser mit Elektrizität auf Home-Island baute und bessere Löhne gab. Aber immer noch war es Plastikgeld, das nur Wert auf den Inseln hatte. Nach wie vor gab es keine Schulausbildung für die Malayen und immer noch wurden sie von den auf West-Island angesiedelten Weißen abgeschirmt. Denn 1952 war die Landebahn wieder restauriert worden, um der Qantas und anderen Fluglinien die Möglichkeit für Zwischenstops zu geben. Daran änderte sich auch nichts, als Australien 1955 die Cocos-Keeling-Inseln offiziell zu seinem Territorium erklärte.

In den fünfziger Jahren zerstörten einige Zyklone die nach dem Krieg neu aufgebauten Kokosplantagen. John Cecil hatte zu kämpfen und gab den finanziellen Druck an seine Malayen weiter. Nach wie vor galten nur die alten Clunies-Ross-Gesetze auf den Inseln. Erst 1968 wurde die australische

Am 4. 7. 1913 und 19. 8. 1914 ankerte S.M.S. »Emden« vor Angaur in den Palau-Inseln, dem schönsten Inselarchipel im Westpazifik.

Luftaufnahme von Direction-Island im South-Keeling-Atoll. Vorn die Lagune und am linken Bildrand Port Refuge, der letzte Ankerplatz der »Emden«.

Auf der Lagunenseite von Direction-Island, einem typischen Südsee-Traumstrand, sind keine Spuren der spannenden Historie mehr zu entdecken.

Nachdem die Kabelstation nicht mehr gebraucht wurde, schob man sie in den sechziger Jahren mit Bulldozern einfach ins Außenriff von Direction.

Farbenprächtig gekleidet schreitet ein Hochzeitspaar auf Home-Island zur Trauung.

Bis zum Gezeitenwechsel nutzen die Taucher den Fischreichtum um North-Keeling zum Angeln. Hier ein Wahoo oder Kingfish. Im Hintergrund die geschützte Westseite der Insel.

Am Strand von Home-Island bereiten Frauen eine Mahlzeit gerade gesammelter Schnecken vor.

▲ *Vor der ungeschützten Südostseite von North-Keeling ankern die Speedboote der »Emden«-Wracktauchexpedition.*

Eine Schraube des »Emden«-Wracks. Die starke Brandung hat in all den Jahren nur geringen Bewuchs wie hartnäckige Steinkorallen zugelassen. ▼

▲ *Der Präsident des Cocos-Keeling-Tauchclubs schwebt über einem Kondensator-Deckel aus dem Hilfsmaschinenraum.*

▲
Inmitten von Korallenblöcken steht eine Duplex-Dampfpumpe.

Eines der 10,5-cm-Geschütze des Kreuzers zeigt ins offene Meer. Davor steht eine Steinkoralle, vor der ein Lippfisch schwimmt. ▼

◀ *Die leere Kartusche einer 10,5-cm-Granatpatrone in den Armen eines Tauchers.*

▲ *Ein Pärchen Abudefduf-Riffbarsche bewacht sein graues Eigelege an einem »Emden«-Wrackteil.*

Der majestätischste Hochseebewohner des Indischen Ozeans, ein Marlin, »segelt« am Wrack der »Emden« vorbei. ▼

Der 99jährige Heyo Aden-Emden, letzter Überlebender des Gefechts »Emden«/»Sydney« am 9. November 1914, hält ein Miniatur-Modell seines Kreuzers in der Hand.

Im Mai 1989 betrachtete Heyo Aden-Emden ein seltenes Erinnerungsstück: den Griff eines Bullauges, nach 75 Jahren aus dem Wrack der »Emden« geborgen.

Nachdem es die Wiedervereinigung Deutschlands möglich machte, besucht im Mai 1991 die Emden-Familie das Grab des Kommandanten Karl von Müller auf dem Friedhof von Blankenburg im Harz.

▼

Abb. links oben: Den würdigen Rahmen zum Gedenken an die 75jährige Wiederkehr des Untergangs der »Emden« gab das ABC-Abwehrbataillon der Karl von Müller-Kaserne am 9. November 1989 in Emden. Vor dem Kranz der Emden-Familie stehen ihr Vorsitzender und die beiden Töchter des Kommandanten Karl von Müller.

Regierung auf diese Zustände aufmerksam. Doch noch bis 1971 dauerte es, bis die weite Welt vom Feudalismus-Regime auf Cocos-Keeling Kenntnis nahm: Ein zu Besuch weilendes Regierungsmitglied fertigte einen Bericht über die Mißstände in Erziehung und Gesundheitswesen und bald sprachen die Medien von Sklaverei und Plastikgeld in der Neuzeit. Als die UNO davon Kenntnis erhielt und von Australien einen Bericht haben wollte, wurde eine Delegation eingeladen. Das geschah 1974 und verursachte einiges Kopfzerbrechen auf dem australischen Festland.

So kam es 1978 zur Entscheidung, daß Australien dem Inseleigner John Cecil Clunies- Ross das Land für $ A 6.25 Millionen abkaufte. In diese Kaufsumme waren die fünf Hektar Land auf Home-Island um sein Oceania House nicht eingeschlossen.

Nunmehr wurden demokratische Wahlen innerhalb der Inselbevölkerung eingeführt und eine Art Rückholaktion ausgewanderter Cocos-Malayen initiiert. Um die nach wie vor großen Verständigungsschwierigkeiten zwischen

"And real money, too — not that phony plastic rubbish!"

»And real money, too – not that phony plastic rubbish!«

Die Karikatur einer australischen Zeitung kommentiert spöttisch den Verkauf von Cocos-Keeling. Clunies-Ross läßt die australische Regierung wissen, daß er harte Währung dem verdammten Plastikgeld vorzieht.

den malayisch sprechenden Inselbewohnern und den weißen Australiern abzubauen, wurde eine Schule auf West-Island eingerichtet. Auch die gesundheitliche Versorgung war jetzt gewährleistet. Dabei legte die australische Regierung Wert darauf, daß dieser Minderheit ihre islamische Tradition erhalten blieb. 1984 wurde den Cocos-Malayen in einer von der UNO überwachten Wahl freigestellt, australische Staatsbürger zu werden. Die Mehrheit votierte für politische, soziale und ökonomische Integration mit Australien. Trotz allem Aufwand war man 1987 gezwungen, die Kopra-Industrie auf den Cocos-Inseln als unprofitabel zu erklären, so daß die Inselbewohner nun nach einer neuen ökonomischen Basis suchen. Ob es der Tourismus sein wird?
Letzte Informationen im Mai 1992 besagen, daß eine Bungalow-Anlage für Touristen auf Direction-Island entsteht. Auch Clunies-Ross will sich von seinem verbliebenen Besitz trennen:
Sein »Oceania House« steht zum Verkauf an.

1889: Auf den Spuren von Charles Darwin

»Die Frage, wie ich nach Cocos-Keeling komme, wurde bald geklärt. Ich hatte einem alten Freund, dem Kurator für Fische am Western Australian Museum in Perth, von meinem Herzenswunsch erzählt. Zusammen hatten wir schon einige Expeditionen in unwegsame Gebiete unternommen, so zu den Abrolhos-Inseln oder nach Niugini, und immer konnte ich mich den Teilnehmern der Forschungsgruppe des Western Australian Museum anschließen. Als er mich kurzfristig informierte, daß das WAM nunmehr den Auftrag habe, das Gebiet um Cocos-Keeling zu erforschen, kannte meine Begeisterung keine Grenzen. Zumal die Expedition noch 1989, genau 75 Jahre nach den berühmten Kaperfahrten der *Emden,* stattfinden sollte. Mein finanzieller Anteil war so eher zu ertragen, als die Gesamtcharter eines Flugzeuges (!).

Das WAM charterte schon Wochen vor unserem Abflug von Perth ein Schiff, um damit Tauchkompressor, Dhingi, Preßluftflaschen und diverse wissenschaftliche Geräte nach South-Keeling vorab zu bringen. Denn alle Sparten des Museums wollten forschen und sammeln, so neben den Fischexperten die viel größere Wirbellosen-Abteilung, wie die Schnecken- oder Korallenexperten. Riesige Gefäße wurden benötigt, um die gesammelten Tiere auch zur späteren Bestimmung im WAM unbeschädigt nach Hause zu senden. Trotzdem bestaunte das Flughafenpersonal noch den Haufen Gepäck, den wir bei unserem Abflug zu den Cocos-Inseln dabei hatten.

Beim Anflug ist es etwas diesig, aber wir erkennen gut die hufeisenförmige Anordnung der South-Keeling-Inseln mit ihrer flachen Lagune. Vergeblich spähe ich nach Norden, denn North-Keeling ist zu weit entfernt, um eine brauchbare Luftaufnahme vom Grab der *Emden* zu machen. Dann setzen wir sicher auf dem inzwischen schon geschichtsträchtigen Airstrip von West Island auf. Tropischer warmer Wind schlägt uns entgegen. Wie immer, wenn ein Flieger kommt, ist die Bevölkerung auf den Beinen, um etwas Abwechslung zu haben. Die Post reißt man dem verteilenden Officer aus den Händen, und diesmal werden natürlich die Neuankömmlinge bestaunt.

Die Cocos-Malay-People haben inzwischen eine Selbstverwaltung gegründet die ›Cocos Islands Co-operative Society Ltd‹. Obwohl bislang kein Tourismus zu verzeichnen ist, waren für Gäste der Inseln bereits einfache Bungalows aufgestellt worden. Ein gut bestücktes Einkaufszentrum und eine Küche mit regelmäßigem Essensangebot auf West-Island machte es den Wissenschaftlern einfach, sich auf ihre Arbeit zu konzentrieren. Denn wir befanden uns auch wissenschaftlich auf historischem Boden:

Vom 1. bis 12. April 1836 besuchte die H.M.S. *Beagle* die Cocos-Keeling-Inseln. Das Schiff war auf seinem Weg heim nach England, nachdem es 1831 zu einer Weltumsegelung aufgebrochen war, um Vermessungen vorzunehmen. Der bekannteste Wissenschaftler an Bord war Charles Darwin. Obwohl er im Pazifik einige Atolle gesehen hatte, war Cocos-Keeling das einzige, auf dem er landete und wo er ausführliche Studien betrieb. Er sammelte Pflanzen und Tiere, erforschte aber auch die Inseln und ihre Rifformationen. Die Entwicklung der klassischen Senkungstheorie zur Entstehung von Atollen wurde auf Cocos-Keeling zu Ende geführt und 1842 in seinem Buch ›The Structure and Distribution of Coral Reefs‹ dargelegt. Hier ein Auszug aus Darwins Tagebuch über seinen Aufenthalt im South-Keeling-Atoll:

›Beim Einlaufen in die Lagune wirkt die Szenerie durch die Farbenpracht überwältigend auf mich. Das klare ruhige Wasser der Lagune über weißem Sand wird von einer vertikalen Sonne beleuchtet und wirkt lebendig grün. Diese brilliante, mehrere Meilen lange Ausdehnung ist begrenzt von dem dunklen Blau des Ozeans durch eine Linie von weißen Brechern und vom Blau des Himmels durch einen Streifen Land, der von Kokospalmen gekrönt wird.‹

An dieser Idylle hat sich in all den Jahren nichts geändert. Obwohl es abends regelmäßig regnete, betauchte ich mit den Wissenschaftlern des WAM die Lagune und die Außenriffe von South-Keeling. Der eine sammelte Korallen, der andere Schnecken und ich engagierte mich beim Fang von Korallenfischen, wie z.B. dem seltenen Cocos-Kaiserfisch. Der dort ansässige Government Conservator stellte uns ein brauchbares kleines Tauchboot zur Verfügung, allerdings beeinträchtigten heftige Südostwinde das Ausfahren zu den bis mehreren hundert Meter abfallenden Außenriffen.

Ziemlich griesgrämig sitze ich vor einem Glas Scotch on the rocks. Um mich herum viele braungebrannte Australier, die ihr Steak auf dem Grill drehen oder ihr Bier vom Faß schlürfen. Nein, am schönen Wetter auf West-Island und dem reichlich vorhandenen Alkohol liegt meine Stimmung nicht. Der Cocos-Keeling-Tauchclub ist es, der die WAM-Expeditionsmitglieder eingeladen hat. Eine willkommene Abwechslung für die wenigen hier lebenden weißen Australier, die Wetter-, Satelliten- und Quarantänestation betreuen. Während auf Home-Island die malayischen Australier wohnen, siedeln die weißen auf West-Island, wo der Flugplatz, die Verwaltung, die Schule und die Krankenstation eingerichtet wurden. Um der Langeweile auf diesen entlegenen Inseln vorzubeugen, hatte man einen Tauchclub gegründet. Während die Einheimischen nun in der mitgebrachten Fisch-Literatur stöberten, verrieten uns die Taucher ihre besten Tauchgründe. Doch als der Präsident des Cocos-Tauchclubs von meinen *Emden*-Wrackplänen hörte, winkte er nur ab: Seit 1986 hätten Mitglieder des Clubs sieben Mal versucht, an der *Emden* zu tauchen, und sieben Mal sei das schiefgegangen. Das Hauptproblem sei die Lage des Wracks: Um vom bewohnten South-Keeling-Atoll nach North-Keeling zu gelangen, muß man 30 km über offenes Meer. Für die kleinen, lagunentauglichen Speedboote nicht zu machen, wenn nicht perfektes Wetter herrsche. Weiterhin liege die *Emden* im Teil der stärksten Brandung von North-Keeling. Wie zwei ältere Australier bestätigten, die vor Jahren schon das Wrack ergründet hatten, sei es dort wegen der heftigen Brecher lebensgefährlich, zu tauchen. Ihnen sei das nur bei optimaler Wetterlage gelungen. Darüber hinaus brauche man eine staatliche Erlaubnis, denn das *Emden*-Wrack stehe unter Denkmalschutz.

In der Tat bedeutet für die Australier das Geschehen um die Schlacht zwischen den Kreuzern *Sydney* und *Emden* vor 75 Jahren sehr viel: Immerhin gewann die junge Nation ihr erstes Seegefecht! So wurde bereits 1917 eine 10,5-cm-Kanone des Kleinen Kreuzers *Emden* im Hyde-Park von Sydney aufgestellt.
Auch heute noch steht sie blankgeputzt an ihrem Platz und die Gravuren im Steinsockel sind mit frischer, goldener Farbe versehen. Eine weitere Kanone und ein Kanonenrohr sind auf dem Gelände der australischen Marine-Basis in Sydney zu sehen. Eine 10,5-cm-*Emden*-Schnelladekanone mit Schutzschild sowie andere geborgene Gegenstände vom Wrack, wie das Heckemblem, stehen heute im Gebäude des Australian War Memorial in der Hauptstadt Canberra. Konkret wurde ich ebenfalls während meines Cocos-Aufenthaltes an das Gefecht täglich erinnert: Meine Unterkunft stand an der Kreuzung ›Sydney Highway/Emden Walk‹, und auf dem Weg zum Tauchkompressor konnte ich die zusätzlichen Eintragungen auf dem Wegschild deutlich lesen.

Eine 10,5-cm-Kanone der »Emden«, aufgestellt im Hyde-Park der Stadt Sydney.

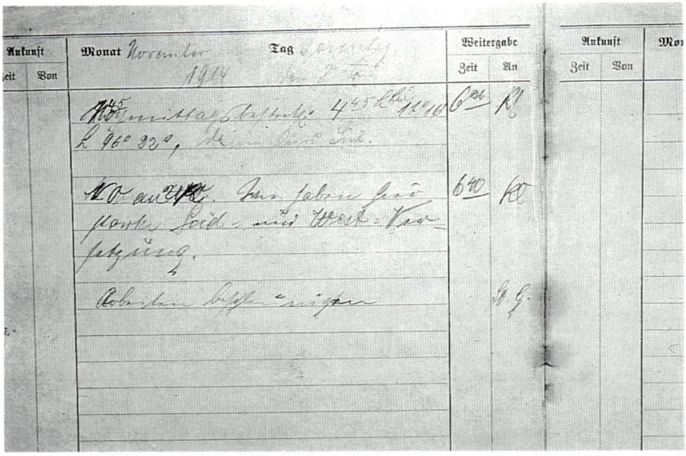

Die letzten Eintragungen ins »Emden«-Tagebuch sind im kleinen Museum auf Home-Island zu besichtigen.

Die Phantasie der Australier in Ehren, aber beide Sträßchen glichen sich wie ein Ei dem anderen (!). Schließlich gibt es auf Home-Island noch ein kleines Museum für malayische Inseltradition, in dem eine Ecke dem überfallartigen Besuch der *Emden* gewidmet ist: Neben dem letzten Eintrag ins Tagebuch des Schiffes wird dort der chronologische Kampfablauf dargestellt.«

Im Gedenken an das berühmte Seegefecht vor ihrer Haustür haben die Anwohner von West-Island ihre Hauptstraßen benannt.

Tauchen im Wrack der »Emden«

»Feste werden auf South-Keeling gefeiert, wie sie fallen. Der Tauchclub plante ein Orientierungs-Testtauchen vor Direction-Island und das war natürlich mit einem Barbecue am Strand verbunden. Die WAM-Leute waren auch eingeladen. Mit den Speedbooten ging es über die Lagune, und die Taucher machten mir die Freude, am letzten Ankerplatz der *Emden* anzuhalten. Es war deutlich zu erkennen, daß der Kreuzer der heranbrausenden *Sydney* hilflos ausgeliefert gewesen wäre, hätte er die Rückkehr des Landungszuges abgewartet. Die Sandbänke rund um ›Port Refuge‹ hätten kein Manöver oder Ausweichen erlaubt.

Direction-Island heute ist ein wahrer Südseetraum: Glasklares Wasser vor einem schneeweißen Lagunenstrand, eine palmenbedeckte Insel und schönstes Wetter erwarteten uns. Ein Weltumsegler hatte in der Bucht geankert und Schulkinder lernten gerade unter Anleitung ihrer Lehrerin das Schwimmen. Eine Alternative, um die europäische Kinder ihre Altersgenossen am Ende der Welt sicher beneiden würden. Vergeblich suchte ich auf der Lagunenseite der Insel nach Überresten der Kabelstation: Nachdem international über Satelliten kommuniziert wird, war das Kabelsystem in den sechziger Jahren überflüssig geworden. Mit schweren Bulldozern wurde die Anlage einfach am Außenriff ins Meer geschoben. Und hier hatte die tropische Vegetation die verrottende Zivilisation noch nicht überdecken können. Schienen und Backsteintrümmer wurden von der Brandung immer wieder freigespült. Einen größeren Kontrast zwischen zwei Stränden kann man sich auf einer kleinen tropischen Insel kaum vorstellen!

Die WAM-Expedition nach Cocos-Keeling hatte sich den Zeitraum im Februar 1989 wohlbedacht ausgesucht, denn die Zyklonzeit von Januar bis März garantiert erfahrungsgemäß die ruhigste See während des ganzen Jahres, vorausgesetzt, der Zyklon kommt nicht trotzdem aus dem Süden vorbei (!). Während der wissenschaftlichen Arbeiten in den Riffen hatten wir bislang recht rauhe See und waren oft erschöpft am Abend in die Betten gefallen. Um so mehr genossen wir jetzt das gute Wetter und die Nachricht eines Mitarbeiters der Wetterstation, daß es für das nächste Wochenende noch besser werden sollte. Es machte Vergnügen, sich mal richtig zu entspannen und dem gut organisierten Wettkampf der Cocos-Taucher auf Direction-Island zuzusehen. Nach Auszeichnung des Gewinners beim Orientierungstauchen öffneten sich große Kühlboxen voller Wein und Bier: Auch das zeugte vom Organisationstalent der

Australier. Nach einigen Dosen original Guinness-Bier hatte ich in der Abendsonne den Eindruck, der Weltumsegler in der Bucht vor uns habe sich in die mir von Abbildungen wohlvertraute *Ayesha* verwandelt.

Von der Historie von Cocos-Keeling fasziniert, wollte ich den letzen Sproß der Clunies-Ross-Sippe kennenlernen und meldete mich telefonisch beim gleichnamigen Ururenkel des Erstbesiedlers, John Clunies-Ross, in seinem Home-Island-Refugium an. Auf der Fähre zwischen West-Island und Home-Island, den einzig besiedelten Inseln, sprachen die von der Schule kommenden Cocos-Malay-Kinder schon fließend englisch, während die älteren Bewohner im Kampong auf Home-Island mein Indonesisch besser verstanden. Ich hatte den Eindruck, daß die australische Regierung nach dem Kauf der Inseln vom Clunies-Ross-Clan einiges Geld in die Siedlung investiert hatte: Große Kinderspielplätze, festgebaute Häuser, auf denen Fernsehantennen installiert waren, und eine große Halle für Schiffbau und -reparatur zeugten von gewissem Wohlstand. Die Menschen machten einen zufriedenen Eindruck, obwohl die wenigsten einer geregelten Arbeit nachgingen. Am Strand traf ich eine Frauengruppe, die im Flachriff Meeresschnecken gesammelt hatte. Sie sollten der Hauptgang für eine traditionelle Mahlzeit werden. Überhaupt wird auf Home-Island die asiatische Tradition großgeschrieben, insbesondere dann, wenn geheiratet wird. In sehr bunten Gewändern versammelt sich dann die Malay-Cocos-Community, um in mehrtägigen Feiern den Anlaß gebührend zu würdigen. Ein Zeremonienmeister läßt die Götter auch an der Feier teilhaben.

Am Ende der Insel kam dann Oceania House in Sicht, im Jahre 1989 praktisch eine Enklave auf australischem Territorium. Der dreißigjährige John erwies sich als umgänglicher Mensch und beantwortete meine Fragen ausführlich: Nachdem sein Vater John Cecil Clunies-Ross 1978 die Kaufsumme von über A$ 6 Mill. vom australischen Staat erhalten hatte, siedelte er sich mit seiner Familie in West-Australien an und überließ einem Vertrauten seinen Besitz auf Home-Island. Leider verspekulierte und investierte er das Geld sehr unglücklich, so daß nach zehn Jahren nicht mehr viel übrig geblieben war. John jr. hatte inzwischen auch geheiratet und eine Familie gegründet. Der Vater sandte ihn wieder zurück nach Home-Island, da alle hofften, daß der Staat bald den Tourismus nach Cocos-Keeling bringt. Geplant sei ein schwimmendes Hotel in der South-Keeling-Lagune, und er habe dann vor, Touristen herumzufahren und Führungen zum Oceania House zu veranstalten.

Bei einer solchen Führung durch sein Anwesen fiel mir der Luxus auf, der in den Bädern und anderen großzügig eingerichteten Räumen herrschte. Die Bibliothek mit ihrer Vielzahl von Büchern machte an diesem Fleck der Erde geradezu

Der letzte Sproß der Feudalherren, John Clunies-Ross, in der Bibliothek des Oceania House 1989 auf Home-Island.

einen unwirklichen Eindruck auf mich. Vielleicht auch, weil ich in meiner Phantasie Johns Vorfahren durch die Clunies-Ross-Residenz streifen sah. Als John vom Hauptgrund meiner Reise erfuhr, am Wrack der *Emden* tauchen und fotografieren zu wollen, zeigte er nur mit Bedauern auf sein Motorboot, das wesentlich größer als die üblichen Speedboote von South-Keeling war, und mit dem er schon oft an der *Emden* getaucht hatte. Leider sei aber der Motor defekt und kurzfristig nicht zu reparieren. Um zu Geld zu kommen, hatte er ursprünglich geplant, Wrackteile der *Emden* zu bergen und zu verkaufen. Der beste Auftrag, eine Bestellung aus Deutschland für eine der *Emden*-Schrauben, läge schon lange vor. Leider habe ihm der australische Staat einen Strich durch die Rechnung gemacht, indem er das Wrack unter Denkmalschutz stellte. Jetzt dürfe man überhaupt nichts mehr mitnehmen. John gab aber unumwunden zu, daß das Auflaufen des deutschen Kreuzers auf ihrem ›Hoheitsgebiet‹ ein Glücksfall für die Clunies-Ross-Familie gewesen sei. Sein Großvater und insbesondere sein Vater hätten das Metall des Schiffes für Schienenwege zur Kopraproduktion gut verwerten können. Auch hätten die Japaner für das Abwracken des über der Wasseroberfläche befindlichen *Emden*-Bugs Geld an die Familie bezahlt. Wohl ein kleiner Trost dafür, daß man für die Entwendung der *Ayesha* durch die Deutschen keinen gleichwertigen Ersatz bekommen habe. Er bestätigte die Ansicht der Cocos-Taucher, daß das Wrack – obwohl nur in relativ flachem Wasser befindlich – wegen der immerwährenden Brandung aus Südost doch sehr schwierig zu betauchen sei. Er könne mir nicht helfen, wünsche aber viel Glück, noch während meines Cocos-Besuches dieses Vorhaben durchführen zu können.

Es ist Freitag abend: Fast der gesamte Cocos-Tauchclub ist versammelt, und sein Präsident listet die vorhandenen Speedboote mit funktionierenden Motoren auf, checkt die Funk- und Tauchgeräte und bespricht mit allen Beteiligten konzentriert den Ablauf des folgenden Tages. Mit Freude verfolge ich das Aufstellen des Speedbootverbandes nach North-Keeling für Samstag morgen in aller Frühe. Das perfekte Wetter ist tatsächlich eingetroffen, als ein Konvoi von acht Booten West-Island verläßt. In der spiegelglatten South-Keeling-Lagune ein imposanter Anblick! Auf offener See verlieren wir uns aber schnell aus den Augen. Immerhin beruhigt der Funkkontakt. Hier merke ich schnell, was 30 km auf offener See bedeuten: trotz des guten Wetters krachende Wellen am Bug und lange kein Land in Sicht. Zwar haben wir die Erlaubnis, am Wrack der *Emden* zu tauchen, über Funk von den zuständigen Stellen in Canberra erhalten, doch ob es überhaupt gelingt, hängt allein von der Brandung ab.

›Es ist dieser verdammte South-south-east tradewind, der auf Cocos-Keeling ganzjährig bläst, mal schwächer und mal heftiger bis zu 20 Knoten Stärke‹ (Zitat John Clunies-Ross).
Genau dort, wo er mit aller Macht die Wellen auf den südlichen Strand von North-Keeling treibt, hatte Karl von Müller den Kreuzer aufgesetzt. Man erinnere sich daran, daß viele Matrosen bei dem Versuch ertranken, durch die Brandung rettendes Land zu errreichen.

Wir haben einen erfahrenen *Emden*-Taucher an Bord, und der runzelt die Stirn, als wir uns der Südküste von North-Keeling nähern. Noch ist die Brandung zu hoch und zum Tauchen zu gefährlich. Bald sind alle Boote eingetroffen, und es wird beratschlagt. Bis zur Mittagszeit soll gewartet werden, denn dann ist Wechsel der Gezeiten. Wir ziehen uns auf das ruhige Wasser des offenen Meeres zurück und nutzen die Zeit, um zu angeln. Ich traue meinen Augen nicht, wie schnell Wahoo, Barakuda oder der Gelbe Thunfisch fast freiwillig ins Boot springen. Begeistert schaue ich den Anglern zu und hoffe, diesen seltenen Hochseefischen später auch unter Wasser zu begegnen. Aus mehreren tausend Metern Wasser steigt North-Keeling aus dem Indischen Ozean empor und das nutzen die pelagischen Hochseejäger, schutzsuchende kleinere Fische und wirbellose Tiere wie Tintenfische im Riff zu erbeuten. Eine Schule Delphine nähert sich, und einige springen sogar aus dem Wasser heraus. Auch für sie ist um North-Keeling reichlich Nahrung vorhanden.

Heutzutage ist vom Wrack der *Emden* über Wasser nichts mehr zu sehen. Schon ein Jahr nach dem Auflaufen 1914 versank der noch stehende Großmast mit dem bis zum Oberdeck ausgeglühten Achterschiff. Der Bugteil hielt aber allen Stürmen stand und wurde nach und nach seiner wertvollen Metalle von den Feudalherrschern auf Cocos-Keeling entledigt. In den dreißiger Jahren schlachtete eine japanische Bergungsfirma die Reste des deutschen Kreuzers endgültig aus. Es dauerte dann immer noch bis 1954, als einer dieser unwiderstehlichen Zyklone die letzten aufsitzenden Reste der *Emden* unter Wasser schob.

Mit dem Clubpräsidenten als Tauchpartner beschließe ich, zunächst direkt zu den in 9 m Tiefe liegenden Schrauben des Kreuzers zu schwimmen. Es ist Highnoon und wir kippen rückwärts über Bord. Die lange Dünung erfaßt uns über ebenem Felsboden. Läuft das Wasser ab, halten wir uns fest, drückt es gegen das Ufer, sprinten wir nach vorn. Es gibt kaum feste Steinkorallen, an denen man sich festhalten kann. Die Unterwassersicht ist relativ klar, allerdings stören aufgewirbelte Schwebeteilchen. Da, eine Gruppe von Fledermausfischen, die uns direkt zum Wrack führt. Ich erkenne eine der beiden Schiffsschrauben und dann das große Stevenrohr am Boden. Die Kamera läuft. Mein Partner hebt kleinere Gegenstände, wie eine 10,5-cm-Sprenggranate, auf und zeigt sie mir stolz. Es ist doch mehr von der *Emden* vorzufinden, als ich mir vorgestellt hatte: Ein riesengroßes Rad, das später als Kondensator aus dem Hilfsmaschinenraum identifiziert wird, gibt ein gutes Fotomotiv gegen die Wasseroberfläche ab. Ich winke meinen Tauchpartner herbei, um einen Größenvergleich auf dem Foto zu bekommen. Etwas weiter vorn steht wuchtig ein Hochdruckzylinder der Dreifach-Expansions-Dampfmaschine. Über ihm ›steht‹ ein Schwarm Drückerfische, als ginge ihn die Dünung überhaupt nichts an. Meine anfängliche Erregung ist verschwunden und ich versuche gezielt, die Motive auf den Film zu bannen. Der Tiefenmesser zeigt nur noch 4 m an, als die ersten Brecher auf uns niederschlagen. Ich kann meinen Partner eine Weile im Blasenwirbel nicht sehen, doch dann erkenne ich ihn noch weiter vorn: Stolz hält er die leere Kartusche einer 10,5-cm-Granatpatrone in seinen Armen, und ich drücke ab. Schon erfaßt mich der nächste Brecher, aber jetzt rolle ich hilflos umher, die Kamera fest an mich gerissen. Kaum hat sich der Blasenschwall verzogen und ich kann wieder etwas sehen, verschwinden wir beide aus dem Inferno, weg von den Stahlresten, die doch härter als der menschliche Körper sind.

An den *Emden*-Propellern ist es geradezu gemütlich. Zwar klappt das Fokussieren im Nahbereich kaum, weil man durch die Dünung immer noch hin und her geworfen wird. Aber mit dem Weitwinkelobjektiv kann ich interessante Motive erfassen: Eines der 10,5-cm-Geschütze des Kreuzers zeigt ins offene Meer, und davor hat sich eine der wenigen Steinkorallen angesiedelt.

Vom Aufprall sind zwar die unteren Blätter der Schrauben verbogen, erscheinen mir aber nach 75 Jahren geringer Pflege sonst kaum beschädigt. Eine Duplex-Dampfpumpe und ein Hochdruckzylinder sind auch deutlich als solche zu identifizieren. Als sich mein Atem wieder etwas beruhigt hat, entdecke ich sogar ein Pärchen Abudefduf-Riffbarsche, das gerade im *Emden*-Wrack abgelaicht hat und nun den Eierteppich vehement gegen Freßfeinde verteidigt. Es gibt nicht sehr viel Korallenfische hier, aber einige Barben, Drücker- und Doktorfische, Halfter- und Falterfische fühlen sich im Schutz der Versteckmöglichkeiten der *Emden*-Reste offensichtlich wohl. Viele von ihnen picken an den Algen herum, während eine Gruppe von Fledermausfischen über ihnen die Planktonnahrung aus dem freien Wasser aufnimmt. Das Wrack der *Emden* ist jetzt zu ihrer Heimat geworden.
Andere Cocos-Taucher haben sich in der kurzen Ruhephase des Gezeitenwechsels zu uns gesellt und halten sich in der Dünung an den Schraubenpropellern fest. Unter anderem ein Journalist aus Perth, der über die Neu-Australier auf South-Keeling schreiben wollte, sich uns aber anschloß, als er von dem Deutschen und seinen *Emden*-Tauchplänen hörte. Sie wühlen das Wasser noch mehr auf, aber zum Glück habe ich meine Motive im Kasten. Auch die Luft geht zur Neige. Die 100 m zum Speedboot schwimme ich durch freies Wasser, weil der Meeresboden plötzlich steil in die Tiefe fällt. Ich kann es kaum fassen, als majestätisch ein Marlin vorübergleitet. Ob er uns die ganze Zeit beobachtet hat? Als ich auf dem Speedboot kräftig durchatme, hält mir mein Tauchpartner bereits ein australisches Bier entgegen und gratuliert lachend:

›Jetzt bist Du nach 75 Jahren der erste Germane, der wieder auf der *Emden* war. Schade, daß wir Deinen Onkel nicht getroffen haben‹.

Australischer Humor . . . Aufgrund der trockenen Atemluft in den Taucherflaschen blieb es auf der Rückfahrt nach South-Keeling nicht bei einem Bier. Auch die Vorsorge des Club-Präsidenten zahlte sich aus: Bei einem der Speedboote versagte der Motor auf dem offenen Meer, aber dank der Funkgeräte wurde es gefunden und abgeschleppt. Die allseitige Freude über das geglückte Unternehmen gipfelte abends in einem Fischbarbecue vom feinsten, nämlich Wahoo und Gelber Thunfisch frisch aus der Tiefe des Indischen Ozeans.«

Rechts: Die Schraube des »Emden«-Wracks.

Begegnung mit dem letzten Überlebenden

»Dem australischen Journalisten hatte meine Intention so gut gefallen, daß er um ein Interview bat. Ich berichtete ihm von all den Zufälligkeiten, die mich schließlich zum Wrack des deutschen Kreuzers vor North-Keeling führten. Dabei spürte ich seine Begeisterung für eine gute Story, konnte aber nicht ahnen, daß genau an meinem Geburtstag im März 1989 daraus eine Titelstory in der größten westaustralischen Wochenzeitschrift »Big Weekend« werden würde. Und das hatte wiederum Folgen:

Im April erhielt ich den Anruf eines Mannes, dem dieser Artikel von Australien zugesandt worden war. Er wollte Einzelheiten meiner Reise wissen und begründete sein Interesse mit der Mitgliedschaft in der Emden-Familie. Das seien Nachfahren der Besatzung des Kleinen Kreuzers *Emden* aus dem Ersten Weltkrieg, die sich noch heute regelmäßig treffen würden und auch noch freundschaftlichen Kontakt zu Nachfahren des australischen Kreuzers *Sydney* pflegen. So sei auch der Artikel zu ihm gelangt. Ich traue meinen Ohren nicht, als der Anrufer von einem letzten Überlebenden des Gefechtes zwischen *Emden* und *Sydney* berichtet. Er heiße Heyo Aden-Emden, sei 99 Jahre alt und lebe in Osnabrück. Als ich aus der Besatzungsliste der *Emden* entnehme, daß der Maschinistenmaat Aden aus derselben Einheit in Wilhelmshaven ist, wie mein Großonkel, steht mein Entschluß fest. Nach einem kurzen Telefongespräch werde ich eingeladen, ihn im Mai 1989 zu besuchen.

Abgesehen davon, daß ich noch nie einem solch alten Menschen begegnet bin, ist es faszinierend, den Erinnerungen von Heyo Aden-Emden zu lauschen. Natürlich kannte er den Wilhelm Debelius aus Kassel und berichtete von gemeinsamen Streichen, die sie schon während der Ausbildung in Wilhelmshaven unternommen hatten. Nach der Gefangenschaft hätten sich ihre Wege aber getrennt, allerdings habe man sich 1924 am Grab des *Emden*-Kommandanten in Blankenburg nochmal gesehen. Der 99jährige hat ein gutes Gedächtnis und weiß viele meiner Fragen zu beantworten. Meine Mitbringsel vom Wrack gefallen ihm besonders: Obwohl es verboten war, Wrackteile der *Emden* mitzunehmen, fand ich nach dem Tauchgang in meiner Westentasche wie durch ein Wunder den Griff eines Bullauges, ein Türschild und eine Schlauchverschraubung. Sichtbar werden die aus dem letzten Gefecht herrührenden

Rechts: Titelseite der westaustralischen Wochenzeitschrift »Big Weekend«.

The West Australian
BIG WEEKEND
SATURDAY MARCH 11 1989

INSIDE: PAGE 3 JACKEROOS ENTER THE COMPUTER AGE

PAGE 5 THE BREAKER MORANT RIDDLE

BOOKS: PAGE 8 DREAMTIME REVISITED

TRAVEL: PAGES 11-16 THE MARVEL OF MONKEY MIA

The Emden quest

SMS Emden aground on North Keeling island in 1914. Picture: Imperial War Museum, London.

When one man became weary of the world and went searching for his past . . . in an underwater wreck . . . a special story was born. MICHAEL ZEKULICH joined the team that was formed to embark on the Emden quest.

BIG, blond German detective Helmut Debelius, 41, became sick and tired of man's "bad behaviour" and turned to the underwater world for respite.

His decision led to an unusual link with the past — on a remote Indian Ocean island on the other side of the world from his Frankfurt home.

With members of the Cocos (Keeling) Islands Scuba Club, Debelius dived off North Keeling Island on the historic German naval wreck SMS Emden, the elusive World War I raider on which his great-grandfather had served.

It was run aground to prevent it sinking after being hammered by HMAS Sydney in November 1914, the Royal Australian Navy's first encounter with an enemy warship.

Helmut Debelius found out about his ancestor and his place on the cruiser when a friend, a keen researcher of German shipping history, noticed the Debelius name in a reference to the Emden.

"He called me about it, and I checked it out with a side of the family we had lost touch with," Mr Debelius said.

When it was confirmed the crewman was a relative, Mr Debelius vowed to dive on the wreck, to visit the past.

This might have seemed like a romantic notion for a policeman. But life for Helmut Debelius took an unusual turn with his quest for peace and tranquility under the sea — an attraction first nurtured in boy scout trips to the Mediterranean.

Ten years ago he made the bold move of aiming to earn some of his living under the waves. Now he is recognised as an international author-diver with nine books, including two from the Red Sea, and numerous magazine articles.

He has dived in a variety of places including the Barrier Reef, the WA coast, Hawaii, Indonesia and the Philippines.

The dives led to connections with many world experts, including the WA Museum curator of fishes, Dr Gerry Allen.

So when a museum party was scheduled to go to the Cocos Islands for a marine-life survey of the region, Helmut Debelius was invited. He jumped at the chance, and luck carried him to his goal faster than many before him.

Bad weather and heavy swells over the reef area had frustrated six previous attempts to dive on the Emden. On some of the aborted attempts, club members had not managed even to leave West Island, their home, for the 25km trip to North Keeling for the dive.

The last successful attempt had been in November 1986, according to Michael Hunt, one of four club members supervising the dive.

The Emden is classed as a historic shipwreck and a federal government permit is needed for such dives.

This trip was to be the club's biggest, with eight boats and 30 people wanting to take part. The numbers surprised members at the Rumah Baru boat ramp, among the coconut palms on West Island.

As members queued to launch their boats, one man commented: "I have never known such a hold-up before."

We were on the "big yellow boat", as locals have dubbed the craft belonging to Cocos diving club captain Geoff Moyle. The former Safety Bay manual arts teacher from Warnbro has never got around to naming his boat.

Helmut Debelius . . . lights, camera and ready for action on the wreck of the SMS Emden off North Keeling Island.

Once assembled, the course was set north over the horizon for North Keeling, which is well separated from the main island group.

Helmut Debelius was quiet, anxious to get there and no doubt reflecting on the drama of 75 years ago.

His great-grandfather had survived the Emden's demise, to end up a prisoner of war on Malta. But others were not so fortunate.

Many of the crew died trying to get ashore through the booming swells and jagged reefs. Others died on land, among the coconuts and colourful birds.

The skeleton of one, still in uniform, was found in the fork of a tree, pipe in mouth.

About 180 of the Germans were rescued by HMAS Sydney, including 70 wounded.

Geoff Moyle recounted one of the most incredible adventure stories of the war as we swept across the clear green waters of the main lagoon into the deep blue of the Indian Ocean, where the bottom falls away steeply to a depth of about four kilometres.

It involved a landing party of 50 sent from the Emden to knock out the vital communications base on Direction Island, a tropical jewel in the main Cocos group.

Led by First Officer Hellmuth von Mucke, they wrecked everything they could find and quickly put the base out of action.

Every instrument had been smashed, the engine room blown up — and a cable (a dummy) chopped up. But an early message had warned the nearby Allied fleet.

Then strident blasts from the Emden instructed the raiders to return.

But they could not reach the ship before it became embroiled in her final battle, against the Sydney.

● More on Big Weekend 2

First Officer Hellmuth von Mucke and the German raiders leave Direction Island jetty to take charge of the schooner Ayesha. Picture: Imperial War Museum, London.

Eureka! The successful dive ended a run of six failed attempts to locate the wreck of the SMS Emden. Pictures: RON D'RAINE

Brandnarben an den Händen meines Gastgebers, als er den Bullaugengriff anfaßt und liebevoll streichelt. Wir alle sind ziemlich bewegt. Nach seiner Genesung hatte Heyo Aden-Emden in australischer Gefangenschaft ein Modell seines Kleinen Kreuzers gebaut, das er heute noch besitzt und stolz vorzeigt. Er hatte damals auch Zeit gefunden, seine persönlichen Erlebnisse während des Gefechtes niederzuschreiben. Mein Mitautor und ich waren uns einig, daß sie in einem Buch zu zitieren seien. Nicht genug der Zufälle: Im Gespräch stellte sich heraus, daß der alte Herr und ich gleichzeitig Geburtstag haben. Da der Todestag des *Emden*-Kommandanten auch auf diesen Tag fällt, verabredeten wir, 1990 gemeinsam seinen 100jährigen Geburtstag zu feiern und dabei das Grab des Kommandanten Karl von Müller zu besuchen. Es blieb leider nur bei diesem Wunsch. Schon schwer erkrankt beim Treffen der Emden-Familie am 9. November 1989 anläßlich der 75jährigen Wiederkehr des letzten Gefechtes, verstarb der letzte Überlebende am 1. Dezember 1989.«

Die Tradition der Emden-Familie

Emden, den 1. Dezember 1914

An die Herren Offiziere und Mannschaften des am 9. November 1914 im Indischen Ozean untergegangenen Kleinen Kreuzers *Emden:*

Die kühnen Ruhmestaten S.M.S. *Emden,* des Patenkindes der Stadt, haben den städtischen Kollegien Veranlassung gegeben, in einer feierlichen Sitzung den Gefühlen der Bürger dieser Stadt gegen Schiff und Besatzung Ausdruck zu geben und der Offiziere und Mannschaften, sowohl der toten wie der lebenden, dankbar zu gedenken. In einem Telegramm an Seine Majestät den Kaiser und König, wurde dem Allerhöchsten Kriegsherrn die Trauer der Stadt ausgesprochen.

Den Kommandanten des Schiffes, Herrn Fregattenkapitän Karl von Müller, hatten die städtischen Kollegen schon in ihrer Sitzung vom 2. November d. J. zum Ehrenbürger der Stadt Emden ernannt, dem Schiff und der Besatzung haben sie beschlossen, ein Denkmal zu errichten, an dem eine Tafel mit den Namen der untergegangenen Mannschaft angebracht werden soll. Die Überlebenden möchte die Stadt Emden mit einem Erinnerungsblatt versehen, welches dauernde Dankbarkeit für treue Pflichterfüllung bezeugen soll. Was dieses Schiff den Deutschen gewesen ist, werden die Dichter und Geschichtsschreiber der Nachwelt überliefern. Der Stadt Emden hat ihr Patenkind zur höchsten Ehre gereicht.

gez. Fürbringer
Oberbürgermeister

Telegramm aus dem großen Hauptquartier-Cabinett:

An den Magistrat Emden.

Herzlichen Dank für Ihr Beileidstelegramm anläßlich des betrübenden und doch so heldenhaften Endes meines Kreuzers *Emden.* Das brave Schiff hat auch noch im letzten Kampfe gegen den überlegenen Feind Lorbeeren für die deutsche Kriegsflagge erworben. Eine neue stärkere *Emden* wird entstehen, an deren Bug das Eiserne Kreuz angebracht werden soll, als Erinnerung an den Ruhm der alten *Emden.*

gez. Wilhelm I. R.

Hiermit veranlaßte der Kaiser eine Auszeichnung, die später keinem anderen deutschen Schiff zuteil werden sollte. Mit dem Eisernen Kreuz am Bug wurden sogar alle von der Reichs-/Kriegsmarine und der Bundesmarine mit dem Namen *Emden* in Dienst gestellten Schiffe ausgezeichnet. Zweifellos folgten die deutschen Regierungen der ursprünglichen kaiserlichen Auszeichnung in Anerkennung der fünfjährigen Operation der ersten *Emden* im asiatischen Raum.

Auch in anderer Form wurde von staatlicher Seite die *Emden*-Tradition geschaffen. Aus einem Schreiben des preußischen Innenministers vom 8. Juni 1933 an die außerpreußischen Landesregierungen gehen alle Fakten hervor:

Betrifft: Verleihung des Namenszusatzes »Emden« an Überlebende des Kreuzers *Emden*.

Um die Erinnerung an die hervorragenden Kriegstaten des Kleinen Kreuzers *Emden* zu festigen, hatte die Preußische Regierung in den Jahren 1920/21 nach Verständigung mit dem Herrn Reichswehrminister verfügt, daß den preußischen Überlebenden der etwa 280 Mann zählenden Kriegsbesatzung des Kreuzers auf Antrag zu genehmigen sei, die Bezeichnung »Emden« als Zusatz zu ihrem Familiennahmen zu führen. Als Endtermin für Anträge auf Verleihung dieses Zusatzes war der 1. August 1931 festgesetzt worden.

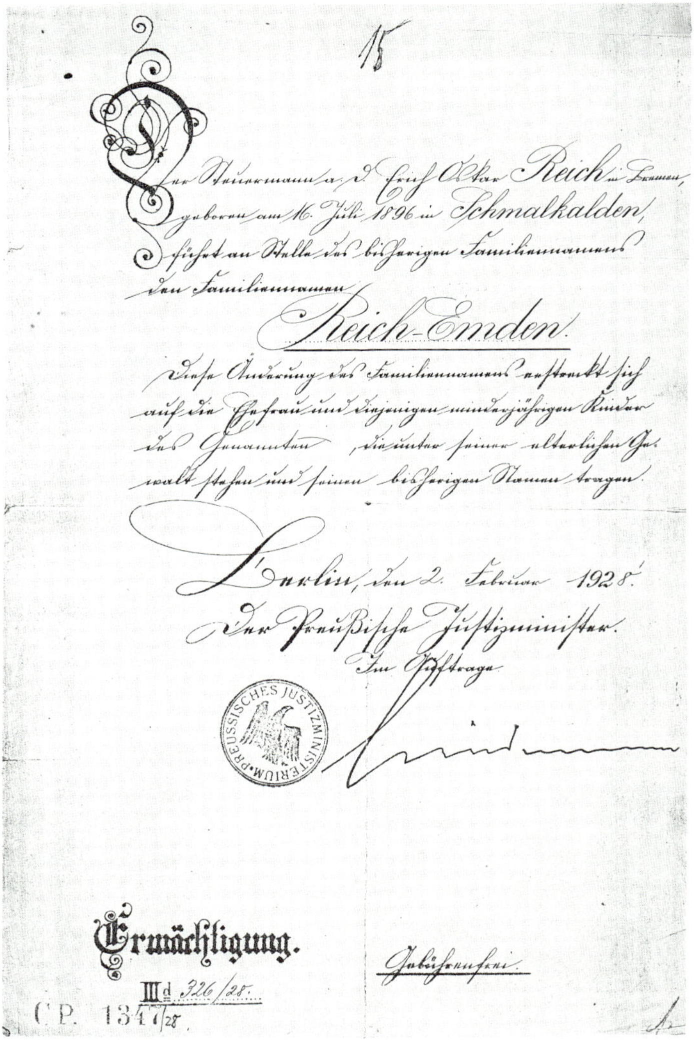

15

Der Steuermann a. D. Erich Oskar Reich in Bremen, geboren am 16. Juli 1896 in Schmalkalden, führt an Stelle des bisherigen Familiennamens den Familiennamen

Reich-Emden.

Diese Änderung des Familiennamens erstreckt sich auf die Ehefrau und diejenigen minderjährigen Kinder des Genannten, die unter seiner elterlichen Gewalt stehen und seinen bisherigen Namen tragen.

Berlin, den 2. Februar 1928.

Der Preußische Justizminister.

Im Auftrage

PREUSSISCHES JUSTIZMINISTERIUM

Ermächtigung.

IIId 326/28.

C.P. 1347/28

Gebührenfrei.

Originalurkunde zur Namensänderung des Erich Oskar Reich, Überlebender der letzten Schlacht der »Emden«.

Wie mir Herr Reichswehrminister mitteilt, haben sich seinerzeit zahlreiche außerpreußische Landesregierungen dem Vorgehen Preußens angeschlossen. Um denjenigen Personen, die aus irgendwelchen Gründen gezögert haben, um den Gnadenakt der Namensänderung einzukommen, diese Möglichkeit nochmals zu eröffnen, hat der Preußische Minister des Innern vorgesehen, daß weiterhin Anträgen entsprochen wird, die bis zum 31. Dezember 1933 gestellt werden. Ich darf ergebenst empfehlen, dortseits die gleiche Regelung zu treffen.

Dieses Schreiben zeigt einmal, daß es ein Irrtum ist, wenn immer wieder zitiert wird, Kaiser Wilhelm habe diese Ehrung vorgenommen. Als die Männer aus der Gefangenschaft oder Internierung zurückkamen, schrieb man bereits 1920 und der Kaiser war aller Macht enthoben. Es zeigt aber auch, daß es sich beim Namensänderungsrecht um öffentliches Recht handelt. Es bedarf eines begründeten Antrages dessen, der den Wunsch auf Änderung seines Familiennamens hat. In der Nachkriegszeit kostete eine Namensänderung etwa 80 Reichsmark, was sich viele *Emden*-Überlebende nicht leisten konnten und es sich deshalb zweimal überlegten, ob sie den Antrag stellen sollten. Aus einer von Konteradmiral v. Restorff, 1911 – 1913 Kommandant von S.M.S. *Emden,* 1927 erstellten Liste geht hervor, daß lediglich 15 Namen bis dahin geändert worden waren. Seit diesem Zeitpunkt sind nur noch gebührenfreie Urkunden bekannt. Auch die Offerte des Preußischen Innenministers wurde nochmals aufgegriffen, wie der gekürzte Wortlaut einer vorliegenden Urkunde bezeugt:

Der Ingenieur Heyo Hermann Aden führt an Stelle des bisherigen Familiennamens den Familiennamen Aden-Emden. Diese Änderung erstreckt sich auf die Ehefrau und sein minderjähriges Kind, das unter seiner elterlichen Gewalt steht und seinen bisherigen Namen trägt.

Berlin, den 28. Februar 1934
Der preußische Minister des Innern
Im Auftrage Schütze

Am 16. September 1933 werden 91 dieser in der deutschen Geschichte einmaligen Namensänderungen gezählt, neue Zahlen nach einer weiteren Verlängerung durch die Hitler-Regierung sind nicht bekannt. Der Autor HD weiß lediglich durch private Aufzeichnungen, daß sein Großonkel den Antrag gestellt hatte und unter seinem neuen Namen Wilhelm Debelius-Emden verstarb. Da er keine Nachkommen hatte, wurde der Name nicht weiter vererbt.

Nach Rückkehr aus der Kriegsgefangenschaft 1919 heiratete der *Emden*-Kommandant Karl von Müller und siedelte sich in seinem Heimatort Blankenburg im Harz an. Der Verehrung seiner ehemaligen Besatzung gewiß, hielt er engen Kontakt zu ihr. Viele persönliche Schreiben und Empfehlungen zeugen davon. Nach seinem frühen Tod im März 1923 wurde er auf dem Friedhof zu Blankenburg beigesetzt.

Grabstelle des Kapitän zur See Karl von Müller auf dem Friedhof von Blankenburg 1923.

Dort trafen sich erstmals 1924 Offiziere und Mannschaft des Korsarenkreuzers, ein weiterer Beweis der Verbundenheit zu ihrem Kommandanten. Wenn man so will, auch der Beginn einer Tradition, die sich bis heute unter dem Begriff der Emden-Familie fortgesetzt hat. Zwar hatten die Treffen in den ersten Jahren militärischen Charakter, weil sich Offiziere und Mannschaft noch getrennt trafen, allerdings wurden alle eingebunden, die je auf der *Emden* gedient hatten. Als engagierte Organisatoren dieser Treffen bis zum Zweiten Weltkrieg sollen Konteradmiral v. Restorff und Kapitän z. See Hans Bess genannt sein. Als 1934 zur Ehrung der Besatzung des Kreuzers an der alten Hauptbürgerwache der Stadt Emden eine Gedenktafel enthüllt wurde, war neben vielen Mitgliedern der *Emden*-Besatzung und ihren Familienangehörigen auch die Witwe des letzten Kommandanten, Frau Jutta von Müller, anwesend.

Nach dem Zweiten Weltkrieg wurden die traditionsreichen Aktivitäten von Paul Köster-Emden ohne Statuten und zwanglos fortgeführt. Allerdings wurden die jährlichen Treffen immer weniger frequentiert, da die Überlebenden des alten Kreuzers *Emden* sich langsam freiwillig für immer verabschiedeten. Dafür reihte sich die 2. und 3. Generationen ein.

Zur 50jährigen Wiederkehr des letzten Gefechtes wurde am 9. November 1964 die Marinekaserne an der Auricher Straße in der Stadt Emden in Karl-von-

Erstes Treffen der »Emden«-Familie am Grab ihres Kommandanten 1924.

Die 1934 geschaffene Gedenktafel, die heute an der Mauer der Einfahrt der Karl-von-Müller-Kaserne befestigt ist.

Müller-Kaserne umbenannt. Die durch die Zerstörung der alten Hauptbürgerwache im Zweiten Weltkrieg ausgelagerte Gedenktafel wurde an der Mauer neben der Kaserneneinfahrt angebracht.

Freundschaftliche Beziehungen gab es seit langem zu den Überlebenden des australischen Kreuzers *Sydney*. Die dortige Marinekameradschaft lud zur Feier des 50jährigen Sieges auch Angehörige der Bundesmarine und Crewmitglieder der alten *Emden* nach Australien ein. Hier die gekürzte Pressemeldung einer australischen Zeitung.

Gestern Feinde – heute Freunde

Besatzungsmitglieder der Kreuzer *Emden* und *Sydney* feierten Versöhnung: Aus Anlaß des 50. Jahrestages fand in Canberra eine von der Returned Soldiers League veranstaltete Feierstunde statt, in deren Mittelpunkt eine Kranzniederlegung am Ehrenmal stand. Groß war die Schar der Ehrengäste. Neben Vertretern des öffentlichen Lebens sah man Angehörige der deutschen Botschaft und Abgesandte der Bundesmarine. Die noch lebenden Besatzungsmitglieder der *Emden* vertrat der 72jährige Hans-Heinz Harms-Emden aus Hamburg. Anstelle ihres erkrankten Vaters Hellwege-Emden war auch seine in Australien lebende Tochter eingeladen worden. Nach der Kranzniederlegung überreichte ein Vertreter der Bundesmarine der RSL ein Modell des jetzigen deutschen Zerstörers *Emden*. Als Kind Auslandsdeutscher in Hongkong geboren, wurde Harms-Emden mit 5 Jahren zur Schulausbildung nach Deutschland geschickt. Er blieb aber sein Leben lang mehrsprachiger Kosmopolit und publizierte seine *Emden*-Abenteuer in vielen Sprachen. Zu seinen Erinnerungen gesellt sich nun eines seiner schönsten Erlebnisse, die Feierstunde in Canberra, als er mit einem ehemaligen Gegner gemeinsam einen Kranz niederlegen konnte. Am meisten beeindruckte ihn dabei, daß der Australier so traditionsbewußt ist, wo im heutigen Deutschland Tradition verpönt sei.

Harms-Emden berichtete der Emden-Familie begeistert, so daß bis Ende der sechziger Jahre viele Mitglieder nach Australien und *Sydney*-Crewmembers nach Deutschland flogen. In dieser Zeit übernahm Kapitän z. See Hans-Henning Bess die Leitung der »*Emden* Old Boys Association«, wie die Australier ihre deutschen Freunde gern nannten. Von ihm wurde dann auch der Autor HD eingeladen, im Rahmen der Feierlichkeiten zum 9. November 1989 von seinen Tauchgängen im Wrack der *Emden* in Wort und Bild zu berichten. Es sollte ein Ereignis werden, das seine Vorstellung vom Begriff »Tradition« entscheidend veränderte:

»Am ersten Abend bei der Begrüßung im Hotel wurde mir die Lebendigkeit der Emden-Familie deutlich gemacht, als noch nach 75 Jahren neue Mitglieder vorgestellt und in die Vereinigung aufgenommen wurden. Zwar waren die meisten Anwesenden älter als 50 Jahre, doch eher von der Geburtsurkunde her als vom Temperament. Das ABC-Abwehrbataillon der Karl-von-Müller-

Kaserne hatte das gesamte Programm anläßlich der 75jährigen Wiederkehr des letzten *Emden*-Gefechtes gestaltet und empfing uns am nächsten Morgen in der Kaserne. Bei regnerischem Wetter war ein Zelt für die Zivilisten der Emden-Familie aufgestellt worden, während die Soldaten auf dem Rasen des Kasernenhofes angetreten waren. Hier die Rede des Standortkommandanten, Oberstleutnant Weitzel:

Wir sind angetreten, um Ihnen, den Angehörigen und Freunden der Besatzung des Kleinen Kreuzers *Emden,* den würdigen Rahmen zum Gedenken an die 75jährige Wiederkehr des Unterganges dieses Schiffes zu geben.
Viele junge Soldaten des Bataillons haben sich sicher berechtigterweise gefragt, warum gerade wir, wir als Soldaten des Heeres hier antreten. Was haben wir mit der Marine, was haben wir mit Soldaten des Ersten Weltkrieges zu tun, und das in einer Zeit, wo vielerorts am Sinn der Notwendigkeit von Kriegsgräberpflege zweifelnd diskutiert wird und diese Art der Traditionspflege in Frage gestellt wird. Lassen Sie mich diese Fragen beantworten und dazu meine Meinung äußern:
Die Besatzungsmitglieder des Kleinen Kreuzers *Emden* taten ihren Dienst in der guten Überzeugung, ihre Pflicht zu tun, genauso wie wir es tun. Sie taten diesen Dienst im Krieg, aber nicht im Sinne der unmenschlichen Art, wie heutzutage Kriege geführt werden, sondern auf eine bemerkenswerte, ja nahezu unglaublich menschliche Art, trotz aller Härte, die dem Schiff und seiner Besatzung das Prädikat:

›Gentleman of War‹

in aller Welt einbrachte. Ich selbst konnte die Erfahrung machen, daß dieser Name auch heute noch internationale Anerkennung und Sinngehalt hat.
Und dieses Prädikat wird immer wieder mit dem Namen der Stadt Emden verbunden, und damit gewinnt der Dienst der Besatzung und das Wirken für uns in Emden und Ostfriesland beheimatete an Bedeutung.
Hier haben Menschen den Namen Emden in der Welt zum Begriff gemacht und eine Wertvorstellung geschaffen, die uns stolz, aber auch dankbar machen muß.
Damit stehen wir als Soldaten dieses Standortes in der Pflicht, dieses ehrenvolle Verhalten zu würdigen, zu achten und daraus für das eigene Handeln zu lernen. Wir sollten erkennen, daß auch im Kriege, in der Gefahr um das eigene Leben, die Art human umzugehen und zu handeln, ein zentrales Gebot bleibt.
Nehmen Sie also als Kinder, Anverwandte, Angehörige und Freunde der Kameraden des Kleinen Kreuzers *Emden* unseren Respekt entgegen, den wir hiermit erweisen wollen und durch unser Antreten im bescheidenen Maße nach außen dokumentieren können.
Auch wenn der Anlaß dem ehrenden Gedenken des Unterganges und damit dem Tod vieler Besatzungsmitglieder gewidmet ist, das Schiff wird weiter unter uns mit seiner Besatzung leben, und auch Ihre Art, solch lange Zeit nach diesen Schicksalstagen in einem so großem Emden-Familienkreise freundschaftlich und kameradschaftlich zusammenzustehen, wird als Beispiel unseren ganzen Respekt und die Anerkennung zollen!

Beide Töchter des *Emden*-Kommandanten und der Leiter der Emden-Familie traten vor, um einen Kranz niederzulegen. Frau Elfriede Hennig, geb. von

Müller, antwortete darauf mit einer bemerkenswerten Rede. Mit dem Lied ›Ich hatt einen Kameraden‹ endete die Gedenkfeier. Beim anschließenden Empfang im von den *Emden*-Taten geprägten Offiziersheim priesen die Honoratioren der Stadt – wie ihr Oberbürgermeister vor 75 Jahren – die Einmaligkeit ihres Patenschiffes. Offizielle Vertreter der Bundesmarine verlasen Grußbotschaften und ein Telegramm von Fregattenkapitän Reichenmiller vom selben Tag, der als Kommandant der auf See befindlichen heutigen *Emden* der Ereignisse der Vergangenheit gedachte.

Man wird sich erinnern, daß am 9. November 1989 auch die Mauer in Berlin fiel und sich die Grenzen der DDR öffneten. Dieses Ereignis löste nun einige

Der von der »Emden«-Familie niedergelegte Kranz am Grab des Kommandanten Karl von Müller, Mai 1991.

Aktivitäten aus, denn das Bataillon hatte Anweisung erhalten, Platz für ostdeutsche Flüchtlinge zu schaffen. Soldaten beim Schleppen von Spinden und Betten begegneten uns beim Rundgang durch die Kaserne. Diese historische Wende nahm auch Einfluß auf das nächste Treffen der Emden-Familie: Mit großer Freude wurde auf die Wiedervereinigung der beiden deutschen Staaten reagiert und beschlossen, im Familienverband erstmals nach dem Zweiten Weltkrieg das Grab des Kommandanten Karl von Müller und seine Heimatstadt Blankenburg zu besuchen. Im Mai 1991 war es dann soweit, als die Emden-Familie mit dem Emdentaucher als Neumitglied von Seesen im Harz nach Blankenburg fuhr.

Auf meine inzwischen in Wochen- und Monatsmagazinen erfolgten Publikationen über den Besuch auf Cocos-Keeling (auch in England, Holland und Australien) hatten viele Leser reagiert. Davon zu berichten, erwartete natürlich die neugierige und wissensdurstige Emden-Familie. Die scherzende und wohlgelaunte Gesellschaft wurde dann richtig feierlich, als die Familien-Delegation mit einem offiziellen Vertreter der Bundesmarine voran den Friedhof von Blankenburg betrat. Großräumig angelegt, war auch um das Grab von Karl von Müller und seiner Frau Jutta genug Platz für die etwa 80 Teilnehmer, die Kränze niederlegten und ehrend seiner gedachten. Über all diesen Worten stand aber für mich die vor zwei Jahren in Emden gehaltene Rede von Frau Elfriede Hennig, geb. von Müller:

Was war das Geheimnis des Erfolges des Kleinen Kreuzers *Emden* und wodurch wurde er über diesen Erfolg hinaus besonders bekannt? Mein Vater hat dem Faktor ›Schicksal‹ besondere Bedeutung beigemessen und hat sich in seinem Brief vom 1. Oktober 1920 dazu geäußert: ›Der Mensch tut gut, in großen Zeiten nach glücklichen Ereignissen mehr als sonst über die Abhängigkeit vom Schicksal nachzudenken, da dies Sinnen zur Demut führen, ihn vor Selbstüberhebung bewahren muß . . . Wie sehr ich dies Eingreifen des Schicksals in bezug auf das mit der *Emden* empfinde, sei nachstehend kurz wiedergegeben.‹
Als besonders schicksalhaft empfand er es, daß sich schon jahrelang in ihm ein besonderer Drang zur Beschäftigung mit den Verhältnissen und Aussichten des Kreuzerkrieges regte. Als ihm in der zweiten Junihälfte 1914, also vor den Schüssen in Sarajevo, die Geschäfte des ältesten Kommandanten an der chinesischen Küste übertragen wurden, ging er sogleich mit seinem Adjutanten Lt. z. S. von Guérard daran, in der Art eines Kriegsspiels sich in die Aufgaben eines ältesten Kommandanten für den Fall eines Krieges einzuarbeiten, indem er als Grundlage den Krieg zwischen Deutschland und England mit Eintritt politischer Spannungen ab 1. August wählte. Dieses frühzeitige Durchdenken hat ihm die Durchführung seiner späteren Aufgaben sehr erleichtert.
Als äußerst schicksalhaft empfand er in den drei Monaten die immer wieder geglückte Vermeidung eines Zusammentreffens mit den die *Emden* verfolgenden Kriegsschiffen, besonders des englischen Panzerkreuzers *Hampshire,* die oft kurz vorher oder kurz nachher bei den von der *Emden* angelaufenen Plätzen eintreffen. An einer späteren

Stelle des obenerwähnten Briefes schreibt Karl v. Müller: Aus Vorstehendem ist zu ersehen, welch glücklicher Stern über den Unternehmungen der *Emden* in den ersten drei Monaten des Krieges gewaltet hat. Aber auch daß und wie es zu einem Ende der *Emden* kam, klingt wie eine unerbittliche Fügung des Schicksals.‹
Die Erfolge der *Emden* wären nicht denkbar gewesen ohne ein fabelhaftes Zusammenwirken der gesamten Mannschaft. Mein Vater muß ein besonderes Talent zur Menschenführung gehabt haben. Der vormalige Obermaschinist Jaguttis schrieb dazu in einem Artikel im Jahre 1936: ›Wir faßten zu ihm (dem Kommandanten v. Müller) Vertrauen, denn er verstand es, der Besatzung ihr dienstliches Verhältnis zu ihm leicht zu machen. Wo er zu rügen oder gar zu strafen hatte, geschah es in einer Weise, daß der Betreffende nicht um seine Selbstachtung gebracht wurde. Die persönliche Ehre seiner Untergebenen blieb stets unangetastet. Tadellose Haltung, glänzender Geist und Opferwilligkeit der Leute bildeten umgekehrt dem Kommandanten eine unschätzbare Hilfe.‹
Erst dies machte beispielsweise möglich, daß die *Emden* durch außerordentlich schnelles Kohlebunkern ihren Verfolgern in etlichen Situationen um Haaresbreite entkommen konnte. Wir würden in unseren heutigen Worten sagen, daß auf der *Emden* teamwork angesagt war, daß ein Gefühl für Gemeinschaft herrschte. Die Tatsache, daß allen Teilnehmern des Endkampfes und ihren Angehörigen in den Jahren der Weimarer Republik das erbliche Recht zuerkannt wurde, den Namenszusatz Emden zu tragen, läßt diese Gemeinschaft bis in unsere Tage lebendig sein.
Als dritten Gedanken möchte ich – last but not least – Ihre Aufmerksamkeit auf die Begriffe Fairneß und Ritterlichkeit lenken, die im Zusammenhang mit der *Emden* weltweit Anerkennung fanden. Mein Vater allerdings hat die Betonung dieses Aspektes, gerade auch durch die englische Presse, stets zurückgewiesen und betont, daß er lediglich den in der deutschen Marine gültigen Instruktionen und den in ihr allgemein herrschenden Anschauungen entsprochen habe. Ich möchte dies aus heutiger Sicht als Ausdruck seiner Bescheidenheit werten. Ihm bedeutete Pflichterfüllung im Krieg immer auch, sein Gegenüber als menschlich-individuell zu achtenden Gegner und nicht primär als zu vernichtenden Feind zu sehen. In diesem Punkt ist mein Vater wohl in der Tat von vorbildlicher Konsequenz gewesen.
Ein persönliches Erlebnis machte mir diese humane Einstellung deutlich. Im Jahre 1934 – also 20 Jahre nach dem Wirken der *Emden* – besuchte uns in meinem Elternhaus in Blankenburg ein Offizier des gekaperten und versenkten Schiffes *Clan Matheson*. Dieser Mr. Mc Alevy war noch 1934 voller Begeisterung über die ihm zuteil gewordene ritterliche Behandlung und Fürsorge durch die Emdenbesatzung, daß sie mir über das Normale hinauszugehen scheint.
Daß dieser Geist der Fairneß und Humanität weiterleben möge – das wäre mein Wunsch.«

Quellenverzeichnis und Hinweise auf weitere Literatur

Anon., »Das Emden-Spiel im Indischen und Großen Ozean«, Kriegsbilderbogen, Stuttgart (Frankh), 1915.

Anon., »Unsere Emden«, (Krieg und Sieg nach Berichten der Zeitgenossen), Berlin (Hillger), etwa 1916.

Ardoin, Paul, »L'Emden, ses croisières et sa fin«, Paris (Challamel), 1920.

Ardoin, Paul, »L'Escadre allemande du Pacific«, Paris (Challemel), 1920.

Assmann, Kurt, »Deutsche Seestrategie in zwei Weltkriegen«, Heidelberg (Scharnhorst, Buchk.), 1956; Heidelberg (Vowinckel), 1957.

Baer, C. H., »Der Völkerkrieg – Eine Chronik der Ereignisse seit dem 1. Juli 1914«, Zweiter Band, Stuttgart (Julius Hoffmann), 1917.

Bangkok Daily Mail, Bangkok, 22. November 1914, 16. November 1914, 2. Dezember 1914.

Bangkok Times, Bangkok, 4. November 1914.

Bartz, Karl, »Der Kommandant der Emden – Das Leben des Kapitäns v. Müller«, Berlin (Deutscher Verlag), 1939.

Baumbach, Norbert v., »Ruhmestage der deutschen Marine – Bilddokumente des Seekrieges«, Hamburg (Broschek & Co.), 1933.

Baynham, Henry, »Men from the Dreadnoughts«, London (Hutchinson), 1976.

Beer, Kludas, »Die Kaiserliche Marine auf alten Postkarten«, 1983, Gerstenberg Verlag, Hildesheim.

Belot, Admiral de und Reussner, A., »La Puissance Navale dans l'histoire de 1914 à 1959«, Paris (Editions maritimes et d'outre-mer). 1971.

Bennett, Geoffrey, »Lone Wolf« in: »Naval Battles of the First World War«, London (B. Batsford Ltd.), 1966.

Bennett, Geoffrey, »Coronel and Falklands«, London (B. T. Batsford Ltd.), 1962, Taschenbuchausgabe 1965.

Berliner Tageblatt, 11. Mai 1915.

Bermbach, J., »Zittere England: Unsere ›Emden‹ ging nicht unter«, 1. und 2. Teil, (Dietrich & Brückner), 1914, 1915.

Bess, Freg. Kapt. a. D., »S.M.S. Emden während des zweiten chinesischen Bürgerkrieges vor Nanking und den Tung-Lean-Chan-Forts im Jahre 1913«, Marine -Rundschau 1925 (30. Jhrg.), S. 83–90.

Bingham, Edward Barry, »Falklands, Jutland and the Bight«, London (John Murray), 1919.

Blond, Georges, »Le dernieer corsaire« in: »L'Océan indien – l'Océan des perles et du Pétrole«, Paris (Presse de la Cité), 1975.

Brechenmacher, J. K., »Die Heldenfahrten des Kapitänleutnants v. Mücke – Schilderungen aus dem Weltkrieg«, 1916.

Brechenmacher, J. K., »Heldenfahrten und Untergang der Emden – Schilderungen aus dem Weltkrieg«, 1915.

Busch, Fritz Otto, »Die Emden jagt«, Berlin und Leipzig (Schneider), 1935 und 1941.

Busch, Fritz Otto, »Admiral Graf Spees Sieg und Untergang«, Berlin-Leipzig, 1943.

Busch, Fritz Otto und Ramlow, Gerhard, »Deutsche Seekriegsgeschichte«, Gütersloh (Bertelsmann), 1943.

Busch, Fritz Otto und Forstner, Georg Günther Frh. v., »Unsere Marine im Weltkrieg«, Berlin (Brunnen Verlag Willi Bischof), 1934.
Bywater, Hector C., »Cruisers in Battle: Naval light cavalry under Fire, 1914–1914«, London (Constable), 1939.

Cardwell, Robert, »The History of the Raiding of Cocos and the Capture and Sinking of the Emden«, in: »The Zodiac – The Submarine Cable Service Paper«, Vol. XIII, No. 148, November 1920, S. 117–135 (BA-MA-RM 92/2372).
Casey, Lord, »The Cruise of the Emden«, in: »Royal Australien Navy News«, 22. November 1968.
Ceylon Times, 29. September 1914.
Chack, Paul, »La Guerre des Croiseurs, du 4 aout 1914 à la Bataille des Falkland«, 2 Bände, Paris (Soc. d'Editions géographiques, maritimes et coloniales), 1922/23.
Chack, Paul und Antier, Jean-Jacques, »Histoire Maritime de la Première Guerre Mondiale«, 3 Bände, Paris (Editions France Empire), 1969, 1970, 1971.
Chatterton, E. Keble, »The cruise of the Emden«, in: »Daring Deeds of Sea Rovers«, London (Seeley, Service & Co.), 1930.
Chatterton, E. Keble, »Gallant Gentlemen«, London (Hurst & Blackett Ltd.), 1931.
Cheret, G. K., »Der Emden letztes Gefecht – Heldenkampf des deutschen Kreuzers im Indischen Ozean«, 1941.
Churchill, Winston S., »The World Crisis 1911–1918«, London (Thornton Butterworth Ltd.), 3 Bände, 1923, 1923, 1927; überarbeitet und gekürzte Ausgabe, 1931.
Coast Seaman's Journal, 24. März 1915.
Copplestone, Bennet, »The Secret of the Navy«, London (John Murray), 1920.
Corbett, Sir Julian, »History of the Great War – Naval Operations«, 5 Bände, London (Longmans, Green & Co. Ltd.), 1920–31 (späterer Herausgeber: Henry Newbolt).
Cornford, L. Cope, »The Merchant Seaman« in: »War«, New York (Geo. H. Doran Co.), 1918.
Cranwell, J. P., »Spoilers of the Sea. Wartime Raiders in the Age of Steam«, London 1941.

Dane, E., »The British Campaigns in Afrika and the Pacific«, London, 1919.
Daniell, David Scott, »The Life and Death of the Emden«, in: Sea Fights«, London (B. Batsford Ltd.), 1966.
Darby, Leonard, Surgeon R. A. N., »The Official Report of the Sydney-Emden Engagement on November 9, 1918«, zwei Teile, in: »Mufti«. Ausg. Dezember 1937 und Ausgabe January 7, 1938. Erstausgabe: »Journal of the Royal Naval Medical Society«, London, 1915.
Daveluy, Admiral, »L'Actions Maritimes pendant la guerre anti-germanique«, Paris (Challamel), 1920.
Davies, Donald, »The Emden Raid«: in: Sunday Gazette, Pulau Penang, 15. Juli 1973.
»Der Wahn vom Weltreich, Die Geschichte der deutschen Kolonien«, Jürgen Petschull, Thomas Höpker, Stern-Buch im Verlag Gruner + Jahr AG & Co., Hamburg, 1984.
Deutscher Flottenverein, Kalender 1918.
»Deutsche Wacht« – Batavia (Zeitschrift), Organ des Bundes der Deutschen, Österreicher und Ungarn Niederländisch-Indiens (Kreuzerfahrten S.M.S »Emden« von seinen Mitfahrern). Abgedruckt in Wilhelm Köhler: »Deutsches Heldentum zur See« (s. d.).
Dick, C., »Das Kreuzergeschwader – Sein Werden, Sieg und Untergang«, Berlin (Mittler & Sohn), 1917.

»Die deutschen Kriegsschiffe«, Hildebrand, Röhr, Steinmetz, Herford, Koehlers Verlagsges., 1979.
Dixon, Campbell, »How the Emden went to her Doom«, in: Leonard Lewis »Epics of the Empire«, London (Dean & Son), 1936.
Dohm, Arno, »Geschwader Spee« (Gütersloh Bertelsmann), 1939.
Dupuy, Trevor Nevitt, »Naval and Overseas War 1914/15«, New York (Franklin Watts), 1967.

Ekman, Per-Olof, »S.M.S. Emden. En sjöfartsräd för 50 àr sedan«, in: »Tidskrift i Sjövasendet«, Stockholm, Juni 1964.
Ekman, Per-Olof, »Emden«, in: »Sveriges Flotta«, Nr. 9/1964, Stockholm, 1964.
Emden III, Bericht über Stapellauf der Emden (III), Auszug der Taufrede von Admiral Zenker (Chef der Marineleitung), Wilhelmshaven, 7. Januar 1925. In: Marine-Rundschau, 1925 (Jahrgang 30), S. 40/41.
Emden III, Marine-Rundschau 1925 (30. Jahrgang), S. 440–441, Indienststellung »Emden«, am 15. Oktober 1925 (Tel. Reichspräs. v. Hindenburg; etc.).
Emden-Kameradschaft, »Anschriften-Verzeichnis«, 1933.
Emden (I – III) Schiffsbiographien, in: Hildebrand-Röhr-Steinmetz, »Die deutschen Kriegsschiffe«, Bd. 2, Herford (Koehlers Verlagsges.), 1980.
Erdmann, Gustav Adolf, »Die Taten der deutschen Flotte im Weltkrieg«, Bielefeld und Leipzig (Velhagen & Klasing), 1915.
Erdmann, Gustav Adolf, »S.M.S. Emden und sein Kommandant«, 3. Auflage, Leipzig (Fock), 1916.

Fanthorpe, Lionel, »The Cruise of the Emden«, in: »Warships of the First World War« (Purnell's History of the World Wars), London (Phoebus), 1973. Deutsche Ausgabe: »Kriegsschiffe des Ersten Weltkriegs«, München (Heyne Bildpaperback), 1977.
Farrère, Claude und Paul Chack, »Combats et Batailles sur mer«, Paris (Flammarion), 1925.
Farrère, Claude und Paul Chack, »Sur mer 1914«, Paris (Flammarion), 1925.
Farrère, C., »La Mort de l'Emden«, Paris, 1934.
Fayle, C. Ernest, »Seaborne Trade«, 3 Bände, London (Longmans, Green & Co.), und New York (Murray), 1920–24.
Fayle, C. Ernest, »History of the Great War«, 3 Bände, London (John Murray), 1920–24.
Feuga, Jean, »L'Emden – Croiseur Corsaire«, Paris (Librairie Alphonse Lemerre), 1931; Paris (André Bonne, Editeur), 1964. Deutsch: »S.M.S. Emden – ein deutscher Heldenkampf im Indischen Ozean« (übersetzt von Fr. Gudekus), Heilbronn, 1935.
Fikentscher-Emden, Erich, »Ostasien und die Südsee (1912–1914). an Bord des Kreuzers S.M.S. Emden«, München (Selbstverlag), 1976.
Fikentscher-Emden, Erich, »Aus Malta in die Freiheit«, Berlin (Berliner Illustrierte), April/Mai 1942.
Fikentscher-Emden, Erich, »Erinnerungen aus unserer ›Emden‹-Zeit«, Augsburg (Selbstverlag), 1964.
Floericke, Kurt, »Der Schiffsjunge der Emden«, Erzählung aus dem großen Weltkrieg für die reifere Jugend. Stuttgart (Frankh), 1915, 3. Auflage, 1918.
Floerke, H., »Von der Nordsee zu den Dardanellen – Neue Heldentaten unserer Flotte«, München (Georg Müller), 1916.
Floerke, G. und Gärtner, G., »Unserer Flotte Heldentaten – Seekriegserlebnisse«, München, 1915.

Forstmeier, Friedrich, »S.M.S. Emden – Small Protected Cruiser 1906 – 1914« in: Warships in Profile, Band 3, Edited by Antony Preston, Windsor (Profile Publications Ltd.), 1973.
Freisburger, W., »News about the Emden«, 1936.
Friedrich, H., »Unserer Emden zum Gedenken, 9. November 1914«, in: MOV-Nachrichten, Jahrgang 13, 1964, H., 11, S. 191–194.
Frothingham, Thomas G., »The Naval History of the World War«, Vol I. »Offensive Operations 1914 – 15«, Cambridge, USA (Harvard University Press), 1925.
Fürbringer, Oberbürgermeister, »Die Stadt Emden in Gegenwart und Vergangenheit«, Emden, 1892.
Funke, A., »Ayesha-Fahrten und Abenteuer der Emden-Mannschaft von den Kokosinseln bis Konstantinopel«, Berlin (Volkskraft-Verlag), 1915.

Galle, Josef, »Der Krieg auf dem Meere«, Langensalza (J. Beltz), 1916.
Garnham, S. A. und Hadfield, Robert L., »The Submarine Cable«, London (Sampson Low, Marsten & Co.), ca. 1930.
Garsia, C. R., Lieutenant R.A.N., »An Account of the Sydney-Emden-Action«, ursprünglich veröffentlicht in: »The Times, London, 15. Dezember 1914. Abgedruckt in: Jose: »The Royal Australien Navy«, Canberra, o. J. (RM 92/2372).
Gellert, Georg, »Heldenfahrten der Emden und Ayesha – Abenteuer und Kämpfe der Emden-Mannschaft in dem Weltkriege 1914/15«, Berlin (Meidinger), 1915, 1917 (nachgedruckt 1943?).
Gleichen, Lord E. (Herausgeber), »Chronology of the War«, 3 Bände und 1 Atlas, London (British Ministry of Information), 1918 – 1920.
Glossop. John A. (Kommandant H.M.A.S. »Sydney«), »Letter of Proceeding, dated Colombo 15th November, 1914«, (Offizieller Gefechtsbericht), Doc., The Naval Secretary, Navy Office Melbourne, NO. 14/9318 – 8th December, 1914.
Gottberg, Otto v., »Die Helden von Tsingtau«, Berlin (Ullstein), 1915.
Gottberg, Otto v., »S.M.S. Ayesha«, in: Kreuzfahrten und U-Bootstaten, Berlin (Ullstein), 1915.
Gottschalk, H., »Ich war dabei« (über S.M.S. Emden), bearbeitet v. W. Alberty, 1935.
Gröner, Erich, »Die deutschen Kriegsschiffe 1815 – 1945«, 2 Bände, München (J. F. Lehmanns Verlag), 1966 und 1968.
Gurlitt, W., »Der Schiffsjunge der Emden – Heldentum zur See«. (Neubearbeitung der Jugendbücher von K. Floericke), 1935.

Hagqvist, Wilhelm, »Kryssaren Emden, tropikernas kaparkonung«, Stockholm, 1915.
Handbuch für das Ostindische Archipel, 1. Teil, Hydrographisches Institut Berlin/ Hamburg, 1933.
Heichen, Walter, »Unsere Emden«, Berlin (Hillger), o. J.
Heichen, Walter, »Helden der See – Heldentaten unserer Marine 1914/1918«, Berlin (A. Weichert-Verlag), o. J.
Henningsen, N., »Unserer Auslandskreuzer Ruhm und Ende 1914«, nach Berichten und Briefen von Augenzeugen dargestellt, Köln, 1935.
Heuler, Felix, »Mit Volldampf ran an den Feind. Ein Heldenbuch der deutschen Marine aus den Kriegsjahren 1914/15«, Würzburg, 1916.
Hirst, Lloyd, »Coronel and After«, London (Peter Davies), 1934.
Hislam, Percival, H., »The Admiralty of the Atlantic – An Enquiry into the Development of German Sea Power«, London, 1908.
Hoecker, O., »Die falsche Emden – eine heitere Seegeschichte«, Leipzig, (Hesse), 1915.

Hoehling, A. A., »Lonely Command; The Epic Story of the Emden«, London (Cassell & Co.), 1957.
Hohenzollern, Franz Joseph Prinz v., »Emden – Meine Erlebnisse auf S.M.S Schiff Emden«, Leipzig (Richard Eckstein Nachf.), 1925.
Hohenzollern, Franz Joseph Prinz v., »Emden – My experience in S.M.S. Emden«, London (Herbert Jenkins Limited), o. J. (ca. 1927).
Hohenzollern, François-Joseph de, »L'Emden«, Paris (Payot), 1929.
Hough, R., »The Pursuit of Admiral von Spee«, London (Allen & Unwin), 1969.
Hoyt, Edwin P., »The Last Cruise of the Emden«, London (André Deutsch), 1966.
Hoyt, Edwin P(almer), »The Fall of Tsingtao«, New York, 1966, London (Arthur Barker Limited), 1975.
Hubert, F., »La guerre navale, mers du nord – mers lointaines«, Paris (Payot), 1916.
Hurd, Archibald, »From Helgoland to Keeling Island«, London (H. C. Bywater) 1914.
Hurd, Archibald, »Sons of the Admiralty – A Short History of the Naval War 1914 – 1918«, London (H. H. Batsford), 1919.
Hurd, Archibald S., »The Merchant Navy«, 3 Bände, Band 1, London (Longmans, Green & Co.), 1921 – 1929.
Hurd, Archibald, »The German Fleet«, London (Hodder & Stoughton), 1915.
Hurd, Archibald, »The British Fleet in the Great War«, London (Constable), 1919.

Irving, J., »Coronel and the Falklands«, London (A. M. Philpot Ltd.), 1927.
Irving, J., »La chasse aux croiseurs allemands« (Übersetzung aus dem Englischen), Paris (Soc. d'Editions geographiques, maritimes et coloniales), 1928.

Janson, General v., »Tsingtau, Erwerb, Blüte und Verlust«, Berlin (Mittler), 1915.
Jellicoe, John, »Lord Jellicoés Erinnerungen – Englands Flotte im Weltkrieg. Zwischen Skagerrak und Scapa Flow«, 2 Bände, Berlin (Vorhut-Verlag – Otto Schlegel), 1937.
Jose, A. W., »Official History of Australia in the War of 1914 – 1918«, Vol. IX, The Royal Australien Navy.

Kalau vom Hofe, Eugen, »Unsere Flotte im Weltkriege 1914/15«, Berlin (Mittler) 1915.
Kalau vom Hofe, Eugen, »Kampf und Untergang des Kreuzergeschwaders«, Berlin (Verlag Kameradschaft), 1915.
Kalau vom Hofe, Eugen, »Kriegszug des Kreuzers Emden und seiner Helden weitere Fahrt. Mit Karten und Bildern nebst Namen und Heimatorten der Besatzung«, Berlin, 1916.
Kalau vom Hofe, Eugen, »Unsere Flotte im Weltkrieg 1914/16«, Berlin (Mittler), 1917.
Kirchhoff, Hermann, »Der Seekrieg 1914 – 1915. Schiffspost- und Feldpostbriefe, sowie andere Berichte von Mitkämpfern und Augenzeugen«, Leipzig (Hesse & Becker), 1915.
Kirchhoff, Hermann, »Maximilian Graf von Spee – Der Sieger von Coronel – Das Lebensbild und die Erinnerungen eines deutschen Seemanns«, Berlin (Marinedank), 1915.
Köhler, Wilhelm (Herausgeber), »Deutsches Heldentum zur See«, Minden (Wilhelm Köhler, Vaterländischer Verlag), 1915 (?).
Koerner, Peter, »Der Krieg zur See«, Band IV der Heyne Dokumentation »Der Erste Weltkrieg 1914 – 1918«, München (Wilhelm Heyne Verlag), 1968.
Kölnische Zeitung, Köln, 22. November 1914.
Koop, Gerhard, »Emden. Ein Name – fünf Schiffe«, München (Bernard & Graefe), 1983.

Laar, Clemens, »Die grauen Wölfe des Grafen Spee«, Berlin (Scherl), 1940.
Langmaid, Kenneth, »The See Raiders«, (Jarrolds), 1963.
Lauterbach, Julius, »1000 Pf Sterling Kopfpreis – tot oder lebendig, Fluchtabenteuer des ehemaligen Prisenoffiziers S.M.S. Emden«, Berlin (Scherl), 1917.
Lauterbach, Julius, »Mis aventuras de guerra en el mar 1914 – 1918«, Madrid (Joaquin Gil), 1936.
Lehfels, G. (Pseudonym für G. Lehmann-Falskowski), »Der Herr des Meeres: Fahrten und Abenteuer der Emden im Weltkrieg«, Bielefeld (Velhagen & Klasing), 1915.
»Lexikon zur Deutschen Marinegeschichte«, H. J. Witthöft, Herford, Koehlers Verlagsges. 1977.
Liersemann, Heinrich, »Klar zum Gefecht – Unsere blauen Jungen im Weltkrieg 1914/15«, Berlin (Weichert), 1915.
Lietzmann, Joachim, »Auf verlorenem Posten. Unter der Flagge des Grafen Spee«, Ludwigshafen/Bodensee (Haus Lhotzky Verlag), 1922.
Lochner, R. K., »Die Kaperfahrten des Kleinen Kreuzers Emden«, 1979 Wilhelm Heyne Verlag, München.
Lockhart, J. G., »Of the Company of the Privateers (S.M.S. ›Emden‹)« in: »Strange Adventures of the Sea«, London (Philip Allen), o. J., reprinted in: »Great Sea Stories of all Nations«, Edited by H. M. Tomlinson, 1st ed London (George H. Harrap), 1930, 2nd ed. London (Spring Books), 1967.
Lockhart, J. G., »The Sea, Our Heritage«, London (Geoffrey Bles Ltd.), 1940.
Lowell, Thomas, »Lauterbach of the China Sea«, London (Hutchinson), 1939.
Lowell, Thomas, »Lauterbach Frän Kinesiska Sjön«, Helsingfors (Hollger Schildt), 1933.
Luckner, Graf Felix v. (Herausgeber) und Lauterbach, Julius, »Mein Freund Juli-Bumm. Die Abenteuer des Kapitän Lauterbach von der Emden« (nach der amerikanischen Ausgabe von Thomas Lowell), Leipzig (Koehler & Amelang), ca. 1934.
Ludwig, Emil, »Die Fahrten der Emden und Ayesha. Nach Erzählungen des Kapitänleutnants von Mücke, seiner Offiziere und Mannschaften«, Berlin (S. Fischer), 1915, 1916.
Ludwig, Emil, »Bericht über Emden-Landungsmannschaft in Arabien« (Zeitungsartikel), Berliner Tageblatt, 11. Mai 1915.

Mäkelä, Matti E., »Liehuvin Lipuin«, Jyväskylä/Finnland (Gummerus Verlag), 1965.
Malacca Strait and West Coast of Sumatra Pilot (Navigations-Handbuch der Royal Navy), 5th Edition, 1971.
Mantey, Eberhard v., »Les Marins allemands au combat«, Paris (Payot), 1930.
Mantey, Eberhard v., »Deutsche Marinegeschichte«, Berlin-Charlottenburg, 1926.
Marine, Zeitschrift, Heft 6/1971, 18. Jahrgang, Seite 6 (Namensregelung »Emden«).
McGuire, F. M., »The Royal Australien Navy«, 1949.
Middlemans, Keith, »Command the Far Sea«, London (Hutschinson), 1961.
Mielke, Otto, »Bravo Kleiner Kreuzer S.M.S. Emden«, München (S.O.S. Heft 61), 1955.
Mielke, Otto, »Leichter Kreuzer Emden« (III). Der erste Kreuzer der Reichsmarine. Nach Aufzeichnungen von Walter Lohmann, München (Moewig), 1956 (S.O.S. Heft Nr. 90).
Morning Post, London, 23 August 1916 (Prize Court).
Mücke, Hellmuth v., »Emden«, Berlin (Scherl), 1915. (Holländisch: Amsterdam [Langenkuysen], 1917).

Mücke, Hellmuth v., »Ayesha«, Berlin (Scherl), 1915. (Holländisch: Amsterdam, [Langenkuysen], 1917).
Mücke, Hellmuth v., »Die Taten der Emden und anderer Kreuzer«. Mit einer Einf. v. Hermann Kirchhoff, Leipzig (Hesses Volksbücherei Nr. 1031), 1915.
Mücke, H. v., und Funke, A., »Ayesha – Fahrten und Abenteuer der Emden-Mannschaft von den Kokosinseln bis Konstantinopel«, Berlin (Marinedank), 1915.
Mücke, Hellmuth v., »Tagebuch des Landungszugs S.M.S. Emden-Ayesha« (Original: BA-MA RM 99/605), auszugsweise abgedruckt in: Schlieper, Konteradmiral a. d., »Klar Schiff! Unsere Seehelden im Weltkrieg« (s. d.).
Mücke, Hellmuth v., »The Emden«, London (Ritter & Co.), 1917.
Mücke, Hellmuth v., »Bericht über den Landungszug S.M.S. Emden«, in: Raeder: »Der Kreuzerkrieg in den ausländischen Gewässern«, Band 2, Anlage C (s. d.).
Mücke, Hellmuth, v., »Die Abenteuer der Emden-Mannschaft«, Reutlingen (Ensslin), 1921, 32 S.
Mücke, Hellmuth v., »Die Kreuzerfahrten S.M.S. Emden« in: Scheer, Reinhard und Stöwer, Willy: »Die deutsche Flotte in großer Zeit«, Braunschweig und Berlin (Westermann), 1926.
Mücke, Hellmuth v., »Der Durchbruch des Landungszuges S.M.S. Emden nach Konstantinopel« in: Scheer, Reinhard und Stöwer, Willy: »Die deutsche Flotte in großer Zeit«, Braunschweig und Berlin (Westermann), 1926.
Mücke, Hellmuth v., »Ayesha« – neubearbeitete und erweiterte Ausgabe, Berlin (Scherl), 1926.
Mücke, Hellmuth v., »Emden-Ayesha«, in: »Unsere Marine im Weltkrieg 1914–1918«, herausgegeben von Eberhart von Mantey, Berlin (Vaterländischer Verlag, C. A. Weller), 1927.
Mücke, Hellmuth v., »Die Taten der Emden und anderer Kreuzer«, Leipzig (Hesse Volksbücherei Nr. 1031), 1928 (?).
Mücke, Hellmuth v., »L'equipage de l'Ayesha«, Paris (Payot), 1930.
Müller, Karl v., Offizielle Berichte des Kommandanten S.M.S. Emden. Unveröffentlicht: BA-MA RM 92/2370/72. Teilweise verarbeitet in: Raeder, »Der Kreuzerkrieg in den ausländischen Gewässern«, Band 2.

Nagel, Alfred G., »Emden. Ein Gedenkbuch deutschen Heldentums zur See«, Kiel (Mühlau), 1927.
Nagel, Alfred G., (3 Kreuzer) »Emden – Ein Gedenkbuch deutschen Heldentums zur See«, Berlin-Lichtenfelde (Geschichte deutscher Kriegsschiffe, Bd. 5), 1934.
Nauheimer, A. M., »S.M.S. Emden – Unter Benützung des gesamten zur Zeit erreichbaren Materials von Tagebüchern, Briefen und Berichten zum Besten der Invaliden der Emden«, Leipzig (Xenien Verlag), 1915.
Navy News (Australien), »Naval Heritage: The 47th Anniversary of the Engagement of H.M.A.S. Sydney ans S.M.S. Emden« (Artikel), in: Navy News, Canberra, Australien, 11. November 1961.
Navy News (Australien), »Emden refused to surrender« (Artikel), in: Navy News, Canberra, 30. Oktober 1964.
New York Times, 24. December 1934 (Glossop).
New York Times, Current History – Vol. I. No. 6. März 1915 »The Emden at Penang«, BA-MA RM 92/2372.
Noble Edward, »The Transport« in: »The Naval Side«, London (C. P. Hayward), 1918.

Oellers, Heinrich, »Wehe Dir England«, Leipzig (Xenien Verlag), 1931 (?).
Oesterwitz, H., »Auf der Emden und Ayesha. Erlebnisse eines Teilnehmers (Matrose Wadephul)«, Berlin (Wallmanns Verl.), 1916.
Ottinger-Emden, Hermann, »Die glückhafte Emden«, Stuttgart (K. Thienemanns Verlag), 1936.
Ottinger-Emden, Hermann, »Kampf und Untergang der Emden«, Stuttgart (K. Thienemanns Verlag), 1936.
Ottinger-Emden, Hermann, »Das Buch von der Emden«, 1936.

Philipp, O., »Englands Flotte im Kampf mit der deutschen Flotte im Weltkrieg 1914–1916«, Leipzig, 1920.
Pinang Gazette, Penang, 28. Oktober 1934.
Pinckert, Oberbootsmannsmaat, »Der Überfall auf die Ayesha-Leute« in: G. v. Dickhut-Harrach: »Im Felde unbesiegt«, Band 1, München (J. F. Lehmanns), 1921.
Pitt, Barrie, »Coronel and Falkland«, London (Cassels & Co), 1960.
Plötz – Emden, Hugo: »Todeskampf des Kreuzers Emden«, Emden (Rhein-Ems-Zeitung), November 1954.
Pochhammer, Hans, »Graf Spees letzte Fahrt – Erinnerungen an das Kreuzergeschwader«, Leipzig (K. F. Koehler), 1. Auflage 1924, 2. Auflage 1935 (Englisch: »Before Jutland. Admiral Spee's last voyage«). London (Jarrolds Ltd.), 1931.
Poggi, Marco (G. C. Angiolillo), »Le Navi fantasma – Gli ultimi Corsari. La Guerra di corsa degli incrociatori tedeschi 1914 – 1918«, 2. Ausgabe Neapel (Bianco), 1960.

Raeder, Erich, »Der Kreuzerkrieg in den ausländischen Gewässern«, 2 Bände, in dem vom Marine-Archiv herausgegebenen Seekriegswerk »Der Krieg zur See 1914 – 1918«, Berlin (Mittler & Sohn), 1. 1923, 2. 1927. (Insbesondere Bd. 2: »Die Tätigkeit der Kleinen Kreuzer Emden, Königsberg und Karlsruhe«), 1923.
Ratman, R., »Costly Russian Love Afair that Ended in Disaster«, Artikel in der Straits Echo and Times of Malya, Pulau Penang, 14. Januar 1970.
Reincke, Ewald, »Wir fahren gegen Engelland – Die Geschichte eines Emden-Matrosen«, in: Walter Stein (Herausgeber): »Unser Seekriegsbuch«, Berlin (Montamus), 1915.
Reussner, André und Nicolas, L., »La puisçance navale dans l'histoire de 1915 à 1914«, Paris (Editions maritimes et d'outre-mer), 1974.
Reventlow, Ernst Graf zu, »Der Einfluß der Seemacht im Großen Kriege«, Berlin (Mittler), 1918.
Roehle, Reinhard, »Emden-Ayesha – Heldenfahrten und Abenteuer deutscher Seeleute im Weltkrieg«, Stuttgart (Union), 1915.
Roehle, R., »Als Flüchtling um den halben Erdball – Die abenteuerlichen Erlebnisse des Prisenoffiziers S.M.S. Emden, Kptlt. d. R. J. Lauterbach«, Münster und Stuttgart (Verlag v. Müller), o. J., 7. Auflage Stuttgart (Unioin), o. J.
Russkoje, Sslowo, (Artikel über Verurteilung des Kommandanten der »Schemtschug«), 15. September 1915 (RM 92/2372).

Scheer, Reinhard, »Deutschlands Hochseeflotte im Weltkrieg – Persönliche Erinnerungen«, Berlin (Scherl), 1920. Englisch: »Germany's High Sea Fleet in the World War«, New York (Peter Smith), 1934.
Schlieper, Konteradmiral a. D., »Klar Schiff – Unsere Seehelden im Weltkrieg«, Leipzig (Buchh., Gustav Fock GmbH), 1915 (?), 2. Aufl. 1917 (?).
Schoen, Walter von, »Kreuzerkrieg führen«, Berlin (Deutscher Verlag Ullstein), 1936.
Schultze-Jena, Kurt, »Der Kampf um Tsingtau«, Jena (G. Fischer), 1916.

Selow-Seman, K. E., »Kapitänleutnant v. Müllers letzte Fahrt«, Berlin (Scherl), 1917.
Siam Observer, Bangkok, 9. November 1914 und 12. November 1914.
Singapore Free Press, Singapur, 8. Februar 1935.
Southworth, John van Duyn, »The Age of Steam«, Vol. 1. New York (Twayne Publishers Inc.), 1970.
Spencer-Cooper, H., »The Battle of the Falkland Islands«, London (Cassel & Co.), 1919.
Stadtarchiv Emden – Akten Nr. V-718–721.
Steen-Steensen, R., »Emden i Diego Garcia«, in: »Sveriges Flotta«, Nr. 4/1965, Stockholm, 1965.
Stegemann, Hermann, »Geschichte des Krieges«, 3. Band, Stuttgart und Berlin (Deutsche Verlags-Anstalt), 1919.
Sternau, Th. v. (Pseudonym für W. Heuer), »Die Siegesfahrt der Emden. Nach Schilderungen des Kapitänleutnants v. Mücke«, Leipzig (Graph. Werke), 1916.
Stevens, W. O./Westcott, A., »The Cruise of the Emden«, in: »A History of Seapower«, New York, 1942.
Stoelzel (Herausgeber), »Ehrenrangliste der kaiserlich-deutschen Marine 1914–1918«, bearbeitet von Konteradmiral a. d. Stoelzel, Berlin (Verlag Marine-Offizier-Verband), 1930.
Straits Times (Artikel), 25. November 1914.

Teltz, Camillo, »Zur See – Erlebnisse eines Seeoffiziers auf Schiffen und Meeren«, Minden (Köhler), 1930.
Temps (Artikel), 26. November 1914, »Emden in Indian Ocean«.
»The Cocos-Keeling Islands« Pauline Bunce The Jaracanda Press, Milton, Qld. 1988.
The Graphic, »Official Naval Despatches«, London, 1914.
The Standard, London, 1. April 1915 (»Emden« vor Diego Juarez).
The times – 15. Dezember 1914, Anonym (U. Garsia) »The Last Fight of the Emden«; teilweise abgedruckt in Schroeder, Hans, »Bluejakkets at War«, Leipzig und Berlin (B. G. Teubner), 1934.
The Times (Artikel), 22. September 1914 (»Indus«), 25. September 1914 (»Emden« at Penang), 17. Oktober; 20. Oktober; 24. Oktober.
The Times Weekly, 23. Oktober 1914 und 18. Dezember 1914.
The Times Diary and Index of the War 1914 – 1918, London 1921.
Tirpitz, Alfred v., »Erinnerungen«, Leipzig (Köhler), 1919, Englisch: »My Memoirs«, London (Hurst & Blackett), 1919.
Tirpitz, Alfred v., »Der Aufbau der deutschen Weltmacht«, Stuttgart (Cotta), 1924; Englisch: New York (Donald, Mead & Co.), 1919.
Tirpitz, Alfred v., »Deutsche Ohnmachtspolitik im Weltkriege«, Hamburg (Hanseatische Verlagsanstalt), 1926.
Toeche-Mittler, Siegfried, »Unsere Auslandskreuzer im Weltkrieg 1914 – 15«, Berlin (Mittler & Sohn), 1915.
Toeche-Mittler, Siegfried, »Die deutsche Kriegsflotte sechs Monate im Kampf«, Berlin (Mittler & Sohn), 1915.
Tramond, Loaunès und Reussner, André, »Elements d'Histoire Maritime et Coloniale Contemporaine (1815 – 1914)«, Paris (Soc. d'Editions géographique maritimes et coloniales), 1922/24.
Tuchmann, Barbara, »The Guns of August«, New York (Macmillan), 1962.

Urban, W., »Die Kriegsfahrten der Emden. Erzählung für die Jugend«, 9. Aufl., Stuttgart (Union), 1918.

Vat, Dan van der, »The Last Corsair – The Story of the Emden«, London (Holder and Stoughton), 1983.
Vollerthun, Waldemar, »Der Kampf um Tsingtau«, Leipzig (Hirzel), 1929.

Waldeyer(-Hartz), Hugo v., »Ran an den Feind«, Berlin (Verlag Jugendhort Walter Bloch Nachf.), 1915.
Waldeyer-Hartz, Hugo v., »Der Kreuzerkrieg 1914 – 1918«, Oldenburg (Gerhard Stalling Verlag), 1931.
Waldeyer-Hartz, Hugo v., »Kreuzertaten der Weltgeschichte«, Potsdam (Rütten & Loening), 1942.
Waldeyer-Hartz, Hugo v., »Männer und Bilder deutscher Seefahrt«, Braunschweig (Vieweg), 1934.
Waldeyer-Hartz, Hugo v., »Von Tsingtau zu den Falklandinseln – Eine Erzählung von den Heldenkämpfen um Tsingtau und der ruhmreichen Fahrt des deutschen Kreuzergeschwaders im Weltkrieg 1914«, Berlin (E. S. Mittler & Sohn), 1917.
Wellmann, F., »Emden-Ayesha-Choising«, in: Jahrbuch 1915/16 des Norddeutschen Lloyd, Bremen, 1916.
Weyer, Bruno, »Taschenbuch der Kriegsflotten«, München (J. F. Lehmanns Verlag), jährlich ab 1900.
Wheeler, Harold F. B., »The exploits of a modern corsair. Rounding-up the exclusive Emden«, in: »Stirring Deeds of Britain's Sea Dogs in the Great War«, London (Harrap), 1916.
Winter, Gouvernementsoberpfarrer, »Tsingtau – Eine Erinnerung an Ostasien«, Tsingtau (Verlag Haupt), 1911.
Witthoeft, Robert, »Die Vernichtung des russischen Kreuzers Schemtschug durch S.M.S. Emden in Penang am 28. Oktober 1914«, in: Scheer, Reinhard und Stöwer, Willy: »Die deutsche Flotte in großer Zeit«, Braunschweig und Berlin (Westermann), 1926.
Witthoeft, Robert), »Unsere Emden. Erlebnisse auf den Kaperfahrten im Jahre 1914«, Berlin (Reimar Hobbing), 1926.
Witthoeft, Robert, »L'Emden dans le detroit de Tsoushima et dans le port de Penang«, in: v. Mantey: »Le Marins allemands au combat«, Paris (Payot), 1930.
Witthoeft, Robert, »Unsere Emden. Kaperfahrten im Indischen Ozean«, neubearbeitete Auflage von Heinz Oskar Wuttig, Berlin (Ernst Steiniger), 1938.
Wolff-Emden, R., »Von den Kokosinseln nach Deutschland. Meine Erlebnisse beim Landungszug der Emden-Ayesha 1914/15«, 1940.
Wolfslast, Wilhelm, »Der Seekrieg 1914 – 1918«, Leipzig (Hase & Koehler), 1938.
Woodward, »Great Britain and the German Navy«, Oxford, 1935.
Wyllie, W. L. und Wren, M. F., »Sea Fights of the Great War«, London (Cassell & Co. Ltd.), 1918.

Zimmer, G., »Mit S.M.S. Emden auf Kriegsfahrt«, in: Marine-Rundschau, Jhg. 29, 1924, Heft 3, S. 125–131.
The Zodiac (Zeitschrift) – London (The Submarine Cable Service Paper), Nov. 1920, Vol. XIII, N. 148 (Artikel Robert Caldwell) (BA-MA. RM 92/2372), sowie: Vol. VIII 1915, IX, X, XI, XII (1916 – 1919).

Übersichtskarte des Weltverkehrs

aus »Brockhaus' Konversationslexikon«, 14. Auflage, Leipzig